Die Wirtinnen vom Gasthaus zum Lillachtal

Angelika Hofmann
Agnes Manier

GENUSS auf Fränkisch

Von Frühschoppen bis Abendbrot –
über 50 traditionelle Rezepte aus Franken

riva

»Man kann nicht gut denken,
gut lieben, gut schlafen, wenn
man nicht gut gegessen hat.«

(Virginia Woolf)

Inhalt

Sonntagsschmaus – gemeinsam isst man besser 59

Osterbrunnen und Kräuterglück 99

In der Wirtshausküche

Der Tag im Wirtshaus hat seinen eigenen Rhythmus, er beginnt früh und endet spät. Der Morgen in der noch stillen Küche gehört der Zubereitung der Speisen, in unumstößlicher Reihenfolge: Zuerst kommen jene, die am meisten (Gar-)Zeit für sich in Anspruch nehmen, die Diven der Speisekarte sozusagen. Später folgen solche, die zunächst nur vorbereitet und später *à la minute* für den Gast zubereitet werden. Damit all die Vorspeisen, Hauptgerichte oder Desserts gelingen, gilt es, sich ihren Spielregeln und Gesetzen zu beugen – sie geben den Takt an. Und irgendwann geht einem die Zeit, die die guten Dinge benötigen, in den eigenen Leib über. Mit den Routinen geht es fast ohne Uhr. Dann arbeitet man schweigend nebeneinander – herrlich sind diese ersten Stunden, die Ruhe, bevor die Türen sich öffnen. Aber natürlich wandern die Gedanken bereits zu den Gästen, zum Team, zum Wetter, zu allem, was der Tag wohl bringen wird. Trotzdem gilt die Konzentration ganz den Gerichten, die allmählich Gestalt annehmen: in den Öfen die Braten und Kuchen, in den dampfenden Töpfen die Suppen und Soßen. Die Zeit in der Wirtshausküche lässt sich auch in Geräuschen und Gerüchen messen, wenn man gut achtgibt: Man muss dem Blubbern lauschen oder dem Zischen und leisen Pfeifen, um herauszufinden, wie weit die Kruste beim Schäufele gediehen ist, oder einen Blick auf die Tarte werfen, sobald der erste intensiv-süße Schokoladengeruch aus dem Ofen aufsteigt.

Wenn nach und nach das Team eintrifft, zuerst in der Küche und wenig später im Service, wird es betriebsamer. Die letzte Stunde, bevor die Gäste kommen, vergeht wie im Flug: abschmecken, in die richtige Form bringen, aus dem Ofen holen, kühl stellen – so viele kleine Handgriffe, die Sorgfalt und Konzentration, Geschick und Leidenschaft erfordern.

Und wenn gerade die Klöße dampfend gar ziehen und die Kruste vom Schäufele goldbraunkrosse Perfektion erreicht, die Schnittlauchröllchen für die Garnitur gehackt werden und der Käsekuchen duftend (aber noch viel zu heiß zum Kosten) aus dem Ofen bugsiert wird, treffen auch schon die ersten Gäste ein – und bringen ihr eigenes Zeitempfinden mit ins Haus: Manche sind Genießer und lieben es gemächlich. Manche sind hastig und hungrig, erwarten, zu jeder Zeit alles zu bekommen. Dann muss man Überzeugungsarbeit leisten. Dass das Cordon bleu, das frisch geklopft, paniert und in Butterschmalz gebraten wird, eben ein wenig dauert. »Gut Ding«, so hieß es schon bei unseren Großmüttern, »will Weile haben.« Und wenn wir ungeduldig fragten, was wir denn bekommen würden: »A goldenes Nixle. Und a silbernes Wart-a-Weile.«

Doch natürlich gilt unser Augenmerk als Gastgeberinnen ganz den Wünschen der Gäste, die sich ihrerseits im Laufe des Tages im Takt mit den vergehenden Stunden verändern. Der Magen weiß meist genau, was er will: zum Frühschoppen ein kühles Bier

und etwas Deftig-Stärkendes (vielleicht gegen den letzten Kater). Zum Sonntagmittag herzhafte Suppen und traditionsreiche, aufwendige Speisen, für die sich die ganze Familie um einen Tisch schart. Am Nachmittag das Süße oder für den Wanderer und Weitgereisten die kleine Stärkung. Am Abend etwas Leichtes oder aber auch Extravagantes. Wer weiß?

Dem Verlauf des Tages und den Hochfesten des Jahres, wie sie im Lillachtal begangen werden, folgen die Rezepte in diesem Buch, in ihnen findet sich alles wieder: die Koch- und Garzeiten, die Gelüste und übrigens auch die bereits erwähnten Großmütter. Denn ohne sie ist die fränkische Wirtshauskultur nicht vorstellbar. Generationen von Frauen standen in den Küchen, rollten Klöße, formten Küchla und wuchteten große Töpfe mit Braten und Gesottenem. Sie sind oft diejenigen, die ihr Handwerk *en passant* weitergeben, deren Wissen über Jahrzehnte hinweg in den Familien überlebt und noch heute aus den Soßen, Suppen und Kuchen herauszuschmecken ist. So finden sich in diesem Buch nicht nur unsere Ideen, sondern Tante Margaretes Küchle, Oma Annas Griebenbogatschen und Kunis Sauerbraten. Und wenn Gäste dieses im besten Sinne Althergebrachte herausschmecken und genüsslich seufzend mit einem »Das schmeckt wie bei meiner Oma« quittieren, ist das eines der schönsten Komplimente. Oft wird es, wenn alle die Löffel in die heiße Suppe tauchen, aber auch ganz leise am Tisch, Gespräche verstummen und die Zeit steht (auch für die Eiligen) für einen Moment still. Genuss und Gemeinschaft sind jetzt alles, worum es geht. Ist das nicht eine wunderbare Sache?

Ob nun »wos Gouds« oder »wos Glaans« – was Genuss auf Fränkisch alles bedeuten kann, wird unser sehr persönlicher Blick auf die fränkische Küche ganz sicher nicht umfassend beantworten können. Wer eine Antwort sucht, muss sich auf Reisen begeben: nach Mainfranken, in die Fränkische Schweiz, nach Mittelfranken, ins Fichtelgebirge oder in die Oberpfalz. Jeder Landstrich wird besondere Rezepturen und Spezialitäten für seinen Gast bereithalten, nicht selten finden sich schon von einem Ort zum anderen neue Gerichte und Zubereitungsweisen. Und wo ließen sich diese Gaumenfreuden besser erkunden und genießen als in den Gaststuben und Wirtshäusern? Zu einer Entdeckungsreise in die bodenständige, vielfältige und traditionsreiche fränkische Genussküche aber, wie wir sie in unserem Gasthaus jeden Tag aufs Neue erproben, soll das Buch einladen.

Denn am Ende unterscheidet sich das Kochen im Wirtshaus gar nicht so sehr vom Kochen zu Hause und muss auch nicht außerordentlich kompliziert sein: Es braucht nur Hingabe, gute Zutaten, etwas Muße und die Freude daran, die Gäste am Tisch zu verwöhnen. Viel Vergnügen dabei, es ist Zeit zu genießen!

Zum Auftakt:

Frühschoppen

Mit dem Schafkopf-Stammtisch beginnt der Sonntagmorgen in unserem Wirtshaus. Hungrig sind die Männer meist noch nicht so sehr, aber der Durst ist schon da – Zeit für den klassischen Frühschoppen! Bald dringen zu uns in die Küche die vertrauten Geräusche: Die Karten klatschen auf die Holztische, man ruft sich: »Ich däd spieln«, oder (wenn das Glück nicht gleich hold ist): »Weider« zu, das Kleingeld klimpert und dazwischen schallt immer wieder herzhaftes Lachen. Schön ist das zu hören, während in der Küche allmählich die Kniedla zum Garziehen ins große Becken gegeben werden und den Soßen der letzte Schliff verpasst wird. Die unhintergehbare innere Uhr schickt uns zwischendurch bei den Männern vorbei, just, wenn die Gläser leer geworden sind … Und zu vorgerückter Stunde, wenn es auf zwölf zugeht, überkommt den einen oder anderen doch der Appetit, mancher freut sich auf die guten Speisen zu Hause. Vielleicht bleibt man aber doch gleich zum Mittagstisch? Ganz egal jedoch, ob im Wirtshaus oder zu Hause, ob Sonntag oder Werktag, ein flottes Frühstück oder der genüsslich ausgedehnte Brunch: Nichts geht über die richtige Stärkung zum Auftakt des Tages oder die passende Ouvertüre eines Menüs.

Schinkenbrot mit Eieiei

Der »Stramme Max« kommt ohne viel Tamtam aus und doch ist er als wahrhafter Klassiker der Hausmannskost und kleine Stärkung zwischendurch unschlagbar – hier in einer Variante mit Zwiebelmayonnaise und Spinat.

Für 4 Personen

- 4 große Scheiben Holzofenbrot
- 8 Scheiben geräucherter Schinken
- 4 Scheiben Bacon
- 4–8 Eier
- Pflanzenöl zum Anbraten
- 1 Bund Schnittlauch

Für die Zwiebelmayonnaise:

- 4 EL Olivenöl
- 30 g Butter
- 2 kleine rote Zwiebeln
- 1 EL Estragon
- 1 EL Apfelessig
- 1 EL flüssiger Honig
- 100 g Mayonnaise
- Salz
- schwarzer Pfeffer aus der Mühle

Für den Spinat:

- 1 kleine Zwiebel
- 200 g frischer Blattspinat
- 25 g Butter
- 50 ml Gemüsebrühe
- Abrieb von ¼ Bio-Zitrone
- 1 Prise frisch geriebene Muskatnuss
- Salz
- schwarzer Pfeffer aus der Mühle

Für die Zwiebelmayonnaise die roten Zwiebeln schälen und fein schneiden. Olivenöl und Butter erhitzen und die Zwiebelwürfel darin glasig dünsten, Estragon zufügen, handwarm abkühlen lassen. Anschließend mit den restlichen Zutaten vermengen, mit dem Pürierstab fein mixen. Mit Salz und Pfeffer abschmecken.

Für den Spinat die Zwiebel schälen und fein schneiden. Den Spinat waschen, abtropfen lassen, von den groben Stielen befreien, grob hacken. Die Butter schmelzen, Zwiebeln darin glasig dünsten. Den Spinat zugeben, kurz anschwitzen, bei Bedarf etwas Brühe angießen, mit Deckel für ein paar Minuten weich garen. Mit Salz, Pfeffer aus der Mühle, Zitronenabrieb und Muskat abschmecken.

Schwarzbrot toasten. Etwas Öl in einer Pfanne erhitzen, Bacon knusprig braten, warm stellen. In derselben Pfanne die Eier braten. Mit Salz und Pfeffer würzen.

Schnittlauch waschen, trocken tupfen und in feine Röllchen schneiden.

Das Brot auf Tellern oder – rustikaler – auf Holzbrettern anrichten. Mit Zwiebelmayonnaise bestreichen, Blattspinat darauf verteilen. Zunächst mit dem Schinken belegen, die Eier darauf geben. Darauf den knusprigen Bacon geben und mit den Schnittlauchröllchen bestreuen.

Landbrot mit Walnuss-Champignon-Aufstrich und Kürbis-Aufstrich

Wer könnte einem duftig-frischen Holzofenbrot mit cremigem Aufstrich schon widerstehen? Dabei muss es nicht immer Käse oder Wurst sein, die Gemüseküche birgt eine Vielzahl von Genüssen, die sich mühelos, aber effektvoll auf den Teller bringen lassen.

Für 4 Personen

4 große Scheiben frisches Holzofenbrot

Für den Walnuss-Champignon-Aufstrich:

250 g Champignons
1 Zwiebel
1 Knoblauchzehe
3 EL Olivenöl zum Braten
125 g Walnüsse
1 kleiner Bund Petersilie
1 EL Mandelmus
1 EL Hefeflocken
1 EL Sojasoße
2 TL Zitronensaft
Salz
schwarzer Pfeffer aus der Mühle

Für den Walnuss-Champignon-Aufstrich die Pilze putzen, waschen und in Scheiben schneiden. Zwiebel und Knoblauch ebenfalls schälen und fein schneiden. Das Öl in einer großen Pfanne erhitzen, Zwiebeln und Knoblauch darin bei mittlerer Hitze glasig anbraten. In einer zweiten Pfanne Öl erhitzen und die Champignons kurz sehr heiß anbraten, bis die Pilze schön gebräunt sind. Beiseitestellen und abkühlen lassen.

Die Walnüsse grob hacken und in einer trockenen Pfanne bei moderater Hitze rösten, bis sie duften und gebräunt sind. Die Petersilie waschen und trocken tupfen und von den dicken Stielenden befreien. Einige Blättchen zum Garnieren beiseitelegen, den Rest ebenfalls grob hacken.

Champignons, Walnüsse und die restlichen Zutaten in einen Standmixer geben und fein pürieren. Mit Sojasoße, Zitronensaft, Salz und Pfeffer abschmecken.

Für den Kürbis-Aufstrich:

300 g Hokkaido-Kürbis
1 Zwiebel
70 g Cashew-Kerne
3 EL Olivenöl
2 TL Zitronensaft
1 Knoblauchzehe
Blättchen von 1 Zweig Thymian
2 EL (veganer) Frischkäse
1 Prise frisch geriebene Muskatnuss
Salz
schwarzer Pfeffer aus der Mühle

Zum Bestreuen:

2 EL Kürbiskerne, geröstet

Für den Kürbis-Aufstrich den Hokkaido-Kürbis waschen und halbieren. Das Fruchtfleisch und die Kerne auslösen, den Kürbis in Streifen schneiden. Die Zwiebel schälen und in Ringe schneiden. Kürbis und Zwiebel mit dem Olivenöl mischen, auf ein mit Backpapier ausgelegtes Backblech legen und im vorgeheizten Backofen bei 200 °C Ober-/Unterhitze (Umluft 180 °C) für etwa 25 Minuten bräunen und weich garen. Anschließend abkühlen lassen.

Das Gemüse mit Zitronensaft, Knoblauch und Thymian in einen Standmixer geben und fein pürieren. Den Frischkäse nach Geschmack unterrühren und mit Muskatnuss, Salz, Pfeffer und ggf. noch etwas Zitronensaft abschmecken.

Zum Servieren die Brotscheiben halbieren, kurz in den Ofen geben oder im Toaster anrösten, jeweils eine Hälfte mit Walnuss-Champignon und die andere mit dem Kürbis-Aufstrich bestreichen, mit Petersilie und Kürbiskernen garnieren.

Tipp: **Nüsse entfalten ihren vollen Charakter erst durch das vorsichtige Rösten in einer trockenen Pfanne oder im Backofen. Wichtig ist es, die Temperatur und den Röstvorgang im Blick zu behalten, denn sie verbrennen sehr schnell. Den holzigen Noten von Pilzen und Walnuss verleiht die Petersilie eine angenehme Frische.**

Deftiges Kartoffel-Omelett mit Paprikagemüse

Ein rustikales Gericht, das in der fruchtigen Kombination mit dem Paprikagemüse zu einer köstlichen und sättigenden Mahlzeit wird – sozusagen als ländliches Pendant zur spanischen Tortilla.

Für 4 Personen

Für das Gemüse:

2 Zwiebeln
1 gelbe Paprikaschote
1 rote Paprikaschote
1 grüne Paprikaschote
1 Chilischote (mild oder scharf, je nach Geschmack)
1 EL Pflanzenöl
1 TL Rohrohrzucker
1 TL Tomatenmark
250 g geschälte Tomaten
¼ TL Kreuzkümmel
¼ TL Galgantpulver
Abrieb von ¼ Bio-Zitrone
Salz
schwarzer Pfeffer aus der Mühle

Für das Gemüse die Zwiebeln in feine Ringe schneiden. Paprikaschoten und Chilischote waschen, von den Kernen befreien und in feine Streifen schneiden. In einer Pfanne das Öl erhitzen, die Zwiebel darin bei mittlerer Hitze weich dünsten. Paprikastreifen und Chilischote dazugeben, Zucker über das Gemüse streuen und unter Rühren karamellisieren lassen. Tomatenmark zugeben und anrösten. Die geschälten Tomaten und die Gewürze zufügen, umrühren und das Paprikagemüse mit geschlossenem Deckel und bei milder Hitze in etwa 10 Minuten gar werden lassen. Gegen Ende den Zitronenabrieb dazugeben und alles mit Salz und Pfeffer abschmecken.

Für das Omelett:

300 g junge Kartoffeln
2–3 EL Pflanzenöl
1 rote Zwiebel
1 Frühlingszwiebel
4 Eier
Salz
schwarzer Pfeffer aus der Mühle
frisch geriebene Muskatnuss

Für die Garnitur:

3 Stängel Blattpetersilie
Sauerrahm

Kartoffeln in ausreichend Salzwasser mit Schale bissfest kochen, abgießen und etwas abkühlen lassen, schälen und in Scheiben schneiden. Zwiebel fein würfeln, Öl in einer Pfanne erhitzen, Zwiebel darin glasig dünsten. Kartoffelscheiben dazugeben, mit Salz und Pfeffer würzen und bei mittlerer Hitze goldbraun anbraten. Die in feine Scheiben geschnittene Frühlingszwiebel mit in die Pfanne geben.

Eier verquirlen, mit Salz, Muskatnuss und Pfeffer würzen. Die Hälfte der Kartoffeln aus der Pfanne nehmen und beiseitestellen. Die verbliebenen Kartoffeln mit der Hälfte der Eimischung übergießen, stocken lassen und für 2 Minuten anbraten. Vorsichtig wenden und nochmals für 2 Minuten ausbacken. Warmstellen. Mit der zweiten Portion Kartoffeln und Ei ebenso verfahren.

Die Omeletts auf Tellern anrichten und mit dem Gemüse füllen. Nach Belieben mit frisch gehackter Petersilie bestreuen und mit einem Klecks Sauerrahm servieren.

Tipp: **Für dieses Gericht können auch gekochte Kartoffeln vom Vortag bestens verwendet werden, die Kartoffeln erhalten eine schöne Textur und das Essen ist im Handumdrehen zubereitet.**

Saure Bratwürste im Wurzelsud

Ob gebraten, mit Kartoffelsalat, »im Weggla« oder gegart im fein-sauren Sud: Die Bratwurst ist der Inbegriff hiesiger Brotzeitkultur, genießt Kultcharakter und ist zweifellos eine der Leib- und Magenspeisen der Franken.

Für 4 Personen

8 fränkische Bratwürste

Für den Sud:
- 2 l Wasser
- 200 ml Weißwein
- 75 ml Weißweinessig
- 35 ml Essigessenz
- 20 g Salz
- 20 g Zucker
- 2 Lorbeerblätter
- 1 TL Wacholderbeeren
- 4 Nelken
- 1 TL Piment
- 3 TL Pfefferkörner
- 1 Scheibe Ingwer
- 3 große weiße Zwiebeln
- 2 Stangen Staudensellerie
- 1 kleine Karotte
- 1 Bund Schnittlauch

Zum Bestreuen:
- Paprikapulver edelsüß
- Schnittlauch

Einen Topf mit Wasser zum Kochen bringen. Weißwein, Weißweinessig, Essigessenz, Salz, Zucker, Gewürze und Ingwer zufügen.

Die Zwiebeln schälen, in feine Ringe schneiden. Staudensellerie waschen und in dünne Scheiben schneiden, die Karotte waschen, schälen und raspeln und alles in den Topf geben. Schnittlauch waschen und fein hacken.

Wenn der Sud zu kochen beginnt, die Hitze reduzieren, die Bratwürste in den Topf geben und in etwa 10 bis 15 Minuten gar ziehen lassen.

Nach Ende der Garzeit die Bratwürste in tiefen Tellern anrichten, Sud und gegarte Zwiebelringe zugeben und nach Belieben mit Schnittlauchröllchen und Paprikapulver bestreuen. Dazu schmecken frisches Holzofenbrot oder Brezeln.

Tipp: **Entscheidend ist die Qualität der Würste, am besten besorgt man sie bei seinem Metzger des Vertrauens. Bratwurstrezepte sind häufig von Dorf zu Dorf, von Metzger zu Metzger verschieden und die Würzmischungen zählen zu den wohl bestgehüteten Geheimnissen, kein Wunder: Die fränkische Bratwurst ist das Aushängeschild der fränkischen Metzgerkunst.**

Der Sud kann ruhig eine Weile bei mittlerer Temperatur mit den Würsten ziehen, das gibt intensiveres Aroma und die Zwiebeln werden weicher.

Buchweizen-Spinat-Pfannkuchen mit Ziegenfrischkäse und Lauch

Ob ein spätes Frühstück oder ein leichtes Mittagessen, das Trio aus nussigem Buchweizen, cremigem Käse und würzigem Lauch ist gesund und unglaublich köstlich zugleich.

Für 4 Personen

Für die Pfannkuchen:
125 g Spinat
1 Knoblauchzehe
1 TL Olivenöl
150 g Buchweizenmehl
2 Eier
¼ TL Salz
180 ml Hafermilch
1 Spritzer Mineralwasser
Pflanzenöl zum Ausbraten

Für das Lauchgemüse:
2 mittelgroße Stangen Lauch
2 TL Olivenöl
50 ml Weißwein
50 ml Gemüsebrühe
50 ml Sahne

Für die Pfannkuchen den Spinat waschen, von den groben Stielen befreien und fein hacken. Knoblauch fein hacken. Das Olivenöl in einer Pfanne erhitzen, Spinat und Knoblauch dazugeben und anschwitzen, bis die Spinatblätter zusammengefallen und weich sind. Wenn nötig, 1 EL Wasser dazugeben.

Mehl, Eier, Salz und Milch zu einem flüssigen, sämigen Teig anrühren, Spinat dazugeben. Sehr fein wird das Ganze, wenn der Teig im Standmixer püriert wird. Mineralwasser unterrühren und den Teig für einige Minuten ruhen lassen.

Etwas Pflanzenöl in eine Pfanne geben und erhitzen. Die Pfannkuchen portionsweise ausbacken, dabei jede Seite für etwa 3 Minuten bräunen lassen, warmstellen.

Für das Lauchgemüse den Lauch waschen, putzen und in feine Ringe schneiden. Das Olivenöl in einer Pfanne erhitzen, den Lauch andünsten. Mit dem Weißwein ablöschen, Brühe und Sahne angießen und weich dünsten.

1 TL kalte Butter
Abrieb von ¼ Bio-Zitrone
Salz
schwarzer Pfeffer aus der Mühle
frisch geriebene Muskatnuss

Zum Bestreuen:
100 g Sonnenblumenkerne
1 EL Zucker

Für den Aufstrich:
100 g Ziegenfrischkäse

Kalte Butter und Zitronenabrieb unterrühren und mit Salz und Gewürzen abschmecken.

Die Sonnenblumenkerne in eine trockene, beschichtete Pfanne geben und bei mittlerer Hitze leicht bräunen, den Zucker dazugeben und unter ständigem Rühren schmelzen und hellbraun karamellisieren lassen.

Die Pfannkuchen auf Tellern anrichten, mit Ziegenfrischkäse bestreichen, mit dem Lauchgemüse befüllen und mit den karamellisierten Sonnenblumenkernen bestreuen.

Tipp: **Buchweizen zählt botanisch nicht zu den Getreiden, Nährstoffe und Verwendung sind aber ganz ähnlich. Der Samen ist glutenfrei, auch als Mehl, Flocken und Grütze erhältlich und lässt sich mit seinem nussigen, leicht erdigen Geschmack wunderbar zu herzhaften Gerichten oder Gebäck verarbeiten.**

Fränkisch. Herzlich. Willkommen!

»Friede den Kommenden, Freude den Bleibenden, Segen den Scheidenden«, so heißt ein gesticktes Bild oberhalb der Eingangstür den Gast im »Gasthaus zum Lillachtal« willkommen. Es ist ein Zeichen der Gastfreundschaft, welches, wenn man so will, in einer langen Tradition steht: Bereits im Mittelalter signalisierten Winzer und bierbrauende Familien dem durstigen Wanderer, dass für Speis und Trank und die Möglichkeit zur Rast gesorgt war, indem sie Kränze, Sträuße oder Schürzen an ihren Eingangstüren befestigten.

Tatsächlich haben Wirtshäuser (nicht nur) in Bayern und Franken eine lange Tradition, ihre Ursprünge reichen weit in die Römerzeit zurück. Über die Zeiten hinweg entwickelten sich die gastlichen Stätten zu großer Vielfalt: von den prachtvollen Gasthöfen in den Residenzstädten, den Zunftstuben und Ratskellern mit ihren Kachelöfen, Butzenscheiben und hölzernen Anstellbänken über die Kellerwirtschaften, die Garküchen und Klosterstuben bis hin zur bescheidenen Schenke im Dorf.

Vielleicht ist dieser historische Reichtum nicht verwunderlich, denn wie heißt es so schön: Ein Dorf braucht ein Wirtshaus und eine Kirche, und nicht selten finden sich diese unmittelbar nebeneinander. So war der bedeutsamste Ort für Kommunikation und Vernetzung bis weit ins 20. Jahrhundert hinein das Wirtshaus. Im letzten Drittel des 19. Jahrhunderts entstand ein reges Vereinswesen, dafür brauchte es Nebenzimmer und Säle. Tanzveranstaltungen dienten als Umsatzbringer, und in vielen Dorfgaststätten wurden Tanzböden eingebaut – so auch im heutigen Gasthaus zum Lillachtal, über dem großen Kuhstall im ersten Obergeschoss des Hauses.

Seit 1904 ist das Haus im Besitz der Familie, der Urgroßvater Johann Friedrich Held führte das damalige »Gasthaus von Joh. Held« und schrieb Geschichte als durchsetzungsfreudiger Wirt: Von ihm ist überliefert, dass er den letzten Schluck aus den Bierfässern, die damals noch im Keller und unter den Holzbänken verwahrt wurden, am liebsten selbst genoss. Mit Verve soll er dabei den kostbaren Tropfen gegen allzu sture Gäste verteidigt haben, die nicht gehen wollten, indem er ein großes Messer in den Holztisch rammte. Auf ihn folgte seine nicht weniger legendäre Tochter Margarete, noch vielen bekannt als »die Reddl«. In den 1980er-Jahren dann waren es Angelikas Eltern Walter und Kuni, die die kleine Bierwirtschaft erfolgreich zur Speisegaststätte erweiterten.

Seitdem sind unzählige Menschen mit dem Haus verbunden, viele Geschichten wurden hier geschrieben: Hier wurde gelacht und getrunken, gefeiert, gestritten, geheiratet und gestorben – und natürlich gemeinsam gegessen. Die Gestalt mag sich über die Jahrhunderte verändert haben. Aber noch heute ist das Gasthaus der Ort, an dem Wanderer sich stärken und die regionalen Köstlichkeiten genießen, wo Einheimische miteinander im Gespräch sind.

Was es heißen kann, wenn dieser Gemeinschaftsort auf einmal durch ein Unglück zerstört wird, zeigte sich im Lillachtal im Januar 2015. An einem schneekalten Tag ging der Alarm durchs Dorf: »Der Held brennt!« Jeder in Dorfhaus, dem beschaulichen und ländlich geprägten Ortsteil von Weißenohe, in dem das Wirtshaus steht, kennt den alten Hausnamen und wusste, was der Ruf bedeutete. Glücklicherweise kam mit der ansässigen Freiwilligen Feuerwehr und den Wehren der umliegenden Ortschaften schnell die Hilfe, ohne die nichts mehr übriggeblieben wäre. Dennoch wurde das Gasthaus an diesem Tag in weiten Teilen zerstört und unsere Familie musste das Zuhause verlassen. Es begann eine herausfordernde Zeit, voller Anstrengung und immer wieder auch voller Verzweiflung, Ohnmacht und Wut.

Als klar wurde, dass wir im gerichtlichen Kampf gegen die Versicherung möglicherweise mehrere Jahre ohne Dach über dem Kopf würden auskommen müssen, war guter Rat teuer. Wie sollte das gehen? Ein Wirtshaus ohne Haus? Für die Küche konnte mit dem Ausbau der ehemaligen Werkstatt eine Lösung gefunden werden, aber das alleine genügte ja nicht. Und so war es der Hilfe der Familien, der Dorfgemeinschaft und der Gemeinde, von wunderbaren Menschen, aus denen längst Freunde geworden sind, zu verdanken, dass trotz aller Sorgen nicht ans Aufgeben zu denken war. Ihr Wirtshaus haben die Dorfbewohner, Nachbarn und Stammtischler in den folgenden acht Jahren, in denen keine Innenräume zur Verfügung standen, sondern nur der Biergarten bewirtschaftet werden konnte, in vielfältiger Weise unterstützt: mit tatkräftiger Hilfe bei den umfassenden Aufräum- und Sanierungsarbeiten, mit Werkzeug, Bulldog-Reparaturen oder Hundegassi. Oder einfach durch die Bereitschaft zum Durchhalten – wenn es kühl wurde, harrte man in langen Unterhosen und Wintermantel am Stammtisch aus.

Im Herbst 2022 konnte das Gasthaus zum Lillachtal nach einjähriger Bauzeit wiedereröffnen und seither wünschen und hoffen wir: dass es unseren geliebten Gästen ein Stück Heimat ist, ein Ort des Friedens, des Genusses und der Freundschaft, den sie erfrischt und gestärkt verlassen – mit dem Wunsch, bald wiederzukehren.

Mittagstisch

Nicht an jedem Tag ist Zeit für ein ausgedehntes Menü. So ist es wochentags auch im Wirtshaus etwas ruhiger, nicht ganz so betriebsam wie an den Samstagen und Sonntagen, wenn die Sommerfrischler aus der Stadt aufs Dorf kommen. Und so mancher Gast genießt gerade das: in einer stillen Ecke der Wirtsstube in aller Seelenruhe und ganz ohne Hast ein Mittagsmahl zu sich zu nehmen. Vielleicht die Zeitung lesen. Vielleicht mit dem Geschäftspartner bei der kurzen Einkehr den Austausch pflegen, bevor der nächste Termin ansteht. Vielleicht mit der Wirtin ein Schwätzchen halten. Dazu braucht es nichts Opulentes, für die kleine Glückseligkeit inmitten des Alltags reichen ja meist eine Handvoll gute Zutaten, frisches Gemüse, das gerade Saison hat, und eine wärmende Rezeptur. Denn ein gutes Mittagessen ist immer etwas Wunderbares.

Deftige Kartoffelsuppe mit verlorenem Ei und Speck

Diese kräftige, würzige Suppe macht rundum zufrieden und satt. Sie zählt sicherlich zu den Klassikern der Küche und es gibt sie in vielen Varianten. Wir servieren sie hier inspiriert von Agnes' Großmutter Anna in fränkisch-donauschwäbischem Crossover.

Für 4 Personen

8 große festkochende Kartoffeln
250 g Knollensellerie
1 Wurzelpetersilie
2 Zwiebeln
1 EL Pflanzenöl
4 Scheiben Bauchspeck
1,5 l dunkle Geflügelbrühe (Rezept Seite 66)
1 Lorbeerblatt
Salz
Cayennepfeffer
2 TL Paprikapulver edelsüß (oder mehr)
3 Stängel Petersilie
3 EL kalte Butter
30 ml Apfelessig (oder mehr)
4 Eier
etwas Abrieb einer Bio-Zitrone

Das Gemüse schälen und waschen. Die Kartoffeln in 2 cm große Würfel, Sellerie und Wurzelpetersilie in 0,5 cm große Würfel schneiden. Die Zwiebeln schälen und fein würfeln. In einem Topf das Öl erhitzen, darin die Zwiebeln glasig dünsten und den Speck auslassen. Zunächst die Kartoffeln, dann das Wurzelgemüse zugeben und andünsten.

Die Brühe angießen, das Lorbeerblatt hinzufügen. Mit Salz, Cayennepfeffer und Paprikapulver abschmecken und etwa 20 Minuten bei mittlerer Hitze gar köcheln lassen. Die Petersilie waschen und fein hacken und gegen Ende der Garzeit mit der Butter in die Suppe einrühren. Nun – je nach Gusto – den Essig dazugeben.

Zum Schluss die Eier nacheinander aufschlagen und in die Suppe gleiten lassen – dafür die Suppe zuvor mit einem Rührlöffel umrühren und einen sanften Wirbel erzeugen, damit das Eiweiß sich schön um das Eigelb bindet und eine kugelige Form entsteht. Die Eier in etwa 5 Minuten gar ziehen lassen, vor dem Servieren nochmals mit Salz, Essig und Paprika abschmecken.

Anschließend in tiefen Tellern anrichten und heiß servieren.

Tipp: **Zu dieser Suppe passen wunderbar frische Knieküchle! Allerdings ist diese Kombination nicht typisch fränkisch und erntet vermutlich skeptische Blicke – doch wer wagt, gewinnt. Alternativ verspeist man die Knieküchle zum Nachtisch mit Marmelade.**

Linseneintopf mit Knöpfle und Rauchfleisch

Ein altes Familienrezept, das aus dem Schwäbischen stammt, in Hohenlohe-Franken erprobt wurde und nun die oberfränkischen Gaumen erfreut. Wir nehmen es hier mit den Grenzen nicht so genau, sicher ist, es schmeckt so gut wie bei Mama ...

Für 4 Personen

Für die Knöpfle oder Spätzle:

300 g doppelgriffiges Mehl (Spätzlemehl oder Weizendunst)

½ TL Salz

3 Eier

½ TL Olivenöl

etwas Mineralwasser

2 l gesalzenes Wasser zum Kochen

Für den Knöpfleteig das Mehl in eine große Schüssel sieben, das Salz dazugeben. Die Eier aufschlagen und nach und nach, aber zügig mit dem Olivenöl einrühren. Einen Spritzer Mineralwasser dazugeben und gut 10 Minuten weiterrühren, bis der Teig glatt ist und beginnt, Blasen zu werfen. 15 Minuten ruhen lassen. Für Spätzle kann der Teig etwas zäher und fester sein, für Knöpfle darf er etwas flüssiger werden. Flüssigkeit immer vorsichtig zugeben und gründlich unterrühren.

Das Wasser in einem großen Topf zum Kochen bringen. Entweder mit dem Spätzledrücker oder mit der Knöpflereibe den Teig portionsweise ins siedende Salzwasser drücken bzw. schaben. Wenn die Spätzle bzw. Knöpfle oben schwimmen, können sie nach und nach immer wieder abgeschöpft und auf einem Teller oder Blech beiseitegestellt werden. Besonders gut schmeckt es, wenn sie vor dem Servieren nochmals in zerlassener Butter geschwenkt und mit etwas frischem Muskat bestreut werden.

Für den Linseneintopf:

300 g Berglinsen

1 Stange Lauch, halbiert und in feine Streifen geschnitten

2 Zwiebeln, fein gewürfelt

2 Scheiben Knollensellerie, geschält und fein gewürfelt

2 Karotten, geschält und fein gewürfelt

1 Stück Wurzelpetersilie, geschält und fein gewürfelt

5 mittelgroße Kartoffeln, geschält und gewürfelt

2 Knoblauchzehen, geschält und halbiert

Pflanzenöl zum Anschwitzen

750 ml Gemüsebrühe (Rezept Seite 67)

2 Stängel Petersilie

1 Lorbeerblatt

1–2 Scheiben frischer Ingwer

1 EL kalte Butter

Salz

schwarzer Pfeffer aus der Mühle

frisch geriebene Muskatnuss

Abrieb von einer Bio-Zitrone

2–3 EL dunkler Balsamico, Rotweinessig oder Apfelessig (nach Belieben)

500 g Bauchspeck in Scheiben

Zum Bestreuen:

2 Stängel Petersilie, frisch gehackt

Für den Eintopf die Linsen in einem Sieb gut abwaschen und abtropfen lassen. Das Gemüse waschen und vorbereiten, wie angegeben. Etwas Öl in einem großen Topf erhitzen, zunächst die Zwiebel bei mittlerer Hitze glasig dünsten, den Lauch und das Wurzelgemüse zugeben und anschwitzen. Dann die Linsen zufügen und mit der Gemüsebrühe aufgießen, bei mittlerer Hitze etwa 25 Minuten sanft köcheln lassen, bis sie gar sind. Nach etwa 10 Minuten zwei Petersilienstängel, Kartoffelwürfel, den Knoblauch sowie Lorbeerblatt und Ingwer zugeben, nach dem Garen wieder entfernen. Die kalte Butter unterrühren und mit Salz, Pfeffer, Muskat, Zitronenabrieb und Essig abschmecken. Den Bauchspeck im Linsengemüse erwärmen.

Mit frisch gehackter Petersilie garnieren und mit den Knöpfle oder Spätzle servieren.

Tipp: **Der Eintopf schmeckt ebenso köstlich in der veganen Variante – dafür einfach den Speck weglassen oder durch Räuchertofu ersetzen und statt der Spätzle Nudeln aus Hartweizengrieß, Kichererbsen- oder Linsenmehl servieren. Linsen sind übrigens – wie überhaupt Hülsenfrüchte – heimisches Superfood. Sie sind reich an Ballaststoffen, haben einen hohen Eisen- und Eiweißgehalt, enthalten nur wenig Fett und sind überaus vielseitig in der Verwendung.**

Urkohl-Getreide-Eintopf mit Petersilienpesto

Im Herbst und Winter wird die Auswahl an frischem Gemüse kleiner, doch kein Grund für Tristesse: Es ist die Hochzeit für allerlei Kohlgerichte. Sie kommen oft schnörkellos daher, garantieren aber deftigen Genuss, der ungemein zufrieden macht. Probieren Sie es einmal.

Für 4 Personen

Für das Pesto:

1 Bund Petersilie
3 Knoblauchzehen
50 g Parmesan
50 g Walnusskerne
50 g Haselnusskerne
Abrieb und Saft von 1 Bio-Zitrone (ein Teil des Abriebs für den Eintopf)
150 g Olivenöl

Für den Eintopf:

1 Kopf Urkohl
2 Zwiebeln
700 g mehlig kochende Kartoffeln
2 Karotten

Für das Pesto die Petersilie waschen, von den groben Stängeln befreien und grob hacken. Den Knoblauch schälen und ebenfalls grob hacken. Den Parmesan grob reiben.

Walnüsse und Haselnüsse hacken und in einer trockenen Pfanne bei mittlerer Hitze bräunen lassen. Alle Zutaten in einen Standmixer geben. 1 TL Zitronenabrieb und 2 EL Zitronensaft zugeben. Zunächst etwas Öl beifügen und mixen, nach und nach das übrige Öl zugeben und alles pürieren, bis eine feine und cremige Textur entstanden ist.

Für den Eintopf den Kohlkopf waschen, vierteln, den Strunk entfernen und in Streifen schneiden. Die Zwiebeln schälen und in feine Ringe schneiden. Die Kartoffeln schälen und in etwa 2 cm große Würfel schneiden. Die Karotten schälen und in 1 cm große Würfel schneiden.

250 g Getreide (nach Geschmack: Gerste, Roggen, Hafer)
4 EL Oliven- oder Rapsöl
500 ml Weißwein
1,5 l Gemüsebrühe (Rezept Seite 67)
Salz
2 Lorbeerblätter
Sojasoße
Majoran
Chili

Für die Garnitur:

Sauerrahm
4 Stängel Petersilie
rosa Pfeffer

Das Getreide grob schroten und in einer beschichteten Pfanne ohne Fett einige Minuten hellbraun anrösten. Öl in einem Bräter erhitzen, Zwiebel glasig dünsten. Kohl dazugeben und unter Rühren andünsten, bis er etwas zusammenfällt. Kartoffel- und Karottenwürfel und Getreide zugeben. Mit Wein ablöschen und mit Brühe aufgießen. Salz und Lorbeerblätter zufügen, bei mittlerer Hitze etwa 20 bis 25 Minuten garen, gelegentlich umrühren. Das Gemüse sollte weich sein, aber noch etwas Biss haben. Den Eintopf mit einem Schuss Sojasoße, dem Zitronenabrieb, Majoran und Chili abschmecken.

In einem tiefen Teller servieren und jeweils mit 1 EL Sauerrahm, einem Klecks Pesto, einem kleinen Stängel frischer Petersilie und einigen Körnern rosa Pfeffer servieren.

Dazu schmeckt Holzofenbrot.

Tipp: **Jedes Getreide hat seine eigentümliche Charakteristik, was Geschmack und Verwendbarkeit anbetrifft. Gerste, Roggen und Hafer eignen sich gut für kräftige Suppen, Grützen und Eintöpfe.**

Wer möchte, kann auch Weiß- oder Spitzkohl verwenden oder Hackfleisch zum Eintopf geben. Dafür 300 g Hackfleisch anbraten und mit Zwiebel und Gemüse weiterverarbeiten. Auch deftige Würste passen gut dazu.

Brotzeit mit Fleischküchle und Apfelchutney

Das Gericht trägt so viele Namen, wie es unterschiedliche regionale Zubereitungsformen gibt. Doch egal ob Bulette, Fleischpflanzerl, Hacktätschli oder Klops: Gut gewürzt und locker zubereitet ist es ein immer wieder schmackhafter Liebling der Landküche.

Für 4 Personen

Für das Apfelchutney:
500 g Äpfel
1 Zwiebel
1 Knoblauchzehe
2 Zweige Thymian
2 Zweige Majoran
2 EL Olivenöl
150 g Einmachzucker
150 ml weißer Balsamico
80 ml Apfelessig
150 ml Wasser
Salz
schwarzer Pfeffer aus der Mühle
frisch geriebene Muskatnuss

Für das Chutney die Äpfel schälen, entkernen und in etwa 1 cm große Würfel schneiden. Die Zwiebel schälen und fein würfeln, mit dem Knoblauch ebenso verfahren (alternativ: durch eine Knoblauchpresse drücken). Die Kräuter waschen, dabei Blättchen an den Stängeln lassen.

In einem Topf das Öl erhitzen und die Zwiebel bei mittlerer Hitze glasig dünsten. Den Knoblauch und die Apfelwürfel dazugeben und kurz anschwitzen. Zucker hinzugeben und unter ständigem Rühren schmelzen. Essig, Wasser und Kräuterstängel zufügen und bei schwacher Hitze in etwa 25 Minuten bis zur gewünschten Konsistenz einköcheln lassen. Die Kräuter entfernen und mit Salz, Pfeffer und Muskat würzen. Eventuell noch mit Zucker oder Essig ausbalancieren.

Für die Fleischküchle:

1 Zwiebel
frische Petersilie
50 g Butter
1 Knoblauchzehe
75 ml Milch
2 altbackene Brötchen
500 g Hackfleisch gemischt
12 g Salz
schwarzer Pfeffer aus der Mühle
frisch geriebene Muskatnuss
2 Eier
1 EL Senf
1 TL Tomatenmark
Abrieb ¼ Bio-Zitrone
Pflanzenöl zum Ausbraten

Für die Fleischküchle die Zwiebel schälen und in feine Würfel schneiden. Petersilie waschen und fein schneiden. Butter in eine Pfanne geben und die Zwiebeln darin bei milder Hitze glasig dünsten. Petersilie und den klein gehackten Knoblauch zugeben, kurz anschwitzen. Mit Milch aufgießen und erhitzen. Die klein geschnittenen Brötchen mit zur Milch geben und einweichen lassen.

In der Zwischenzeit das Hackfleisch mit Salz, Pfeffer und Muskat würzen, mit den restlichen Zutaten zu einem Teig vermengen.

Einen kleinen Taler zur Probe formen, bei mittlerer Hitze von beiden Seiten für einige Minuten anbraten, verkosten. Falls nötig, restlichen Fleischküchleteig nochmals nachwürzen bzw. die Konsistenz der Masse anpassen und eventuell Semmelbrösel zugeben. Anschließend Bratlinge formen und bei mittlerer Hitze in etwa 5 Minuten je Seite goldbraun ausbraten.

Mit Holzofenbrot und Apfelchutney servieren. Dazu schmeckt Kartoffelsalat.

Saure Leber mit Kartoffel-Pastinaken-Püree

Kalbs- und Rinderleber zeichnen sich durch einen feinen Geschmack aus und gelten wie andere Innereien vielen als Delikatesse. Dennoch findet sie sich nur selten auf dem Speisezettel, dabei ist die Zubereitung einfach und im Sinne der Verwertung eines Tieres »from nose to tail« auch nachhaltig.

Für 4 Personen

Für das Püree:
500 g Kartoffeln
500 g Pastinaken
1 Apfel
Salz
1 Lorbeerblatt
50 ml Milch
50 ml Sahne
Salz
Cayennepfeffer
frisch geriebene Muskatnuss
30 g Butter

Für das Püree Kartoffeln und Pastinaken waschen und schälen, in Würfel schneiden. Den Apfel ebenfalls schälen, das Kerngehäuse entfernen, in Würfel schneiden. Gemüse- und Apfelwürfel in einen Topf geben und mit Wasser bedecken. Salz und Lorbeerblatt zugeben und alles bei mittlerer Hitze in etwa 15 bis 20 Minuten weich garen.

Milch und Sahne erwärmen. Kartoffeln, Apfel und Pastinaken in ein Sieb abgießen, das Lorbeerblatt entfernen. Zusammen mit der Milchmischung pürieren (alternativ: mit dem Kartoffelstampfer stampfen). Mit Salz, Cayennepfeffer und Muskat abschmecken und zum Schluss die Butter unterrühren.

Für die Soße:

2 Zwiebeln
1 Knoblauchzehe
1 EL Butter
1 EL Olivenöl
1 Prise Zucker
1 TL Tomatenmark
150 ml trockener Rotwein
20 ml Rotweinessig
500 ml Rinderfond
1 Lorbeerblatt
3 Pimentkörner
Majoran
Salz
schwarzer Pfeffer aus der Mühle
1–2 TL Speisestärke

Für die Leber:

600–800 g Leber vom Kalb, küchenfertig
Butter oder Öl zum Anbraten
Salz
schwarzer Pfeffer aus der Mühle
frischer Dost, optional getrockneter Majoran

Für die Soße die Zwiebeln und den Knoblauch schälen, die Zwiebeln fein schneiden. In einem Topf 1 EL Butter und 1 EL Olivenöl schmelzen, die Zwiebeln darin glasig dünsten. Eine Prise Zucker zugeben, karamellisieren lassen. Tomatenmark hinzugeben und anrösten, mit Rotwein und Essig ablöschen, einköcheln lassen. Anschließend den Fond angießen. In einem Gewürzsäckchen Lorbeerblatt, Knoblauch, Piment und nach Geschmack Majoran zugeben und bei milder Hitze für einige Minuten ziehen lassen, dann wieder entnehmen. Mit Salz und Pfeffer würzen. Die Speisestärke mit etwas kaltem Wasser anrühren, schrittweise zur Soße geben, bis die gewünschte Konsistenz erreicht ist, und beiseitestellen.

Die Leber in etwa 1 cm dicke Scheiben und diese in etwa 2–3 cm breite Streifen schneiden. Darauf achten, dass die Leber sorgfältig von der Haut befreit wurde, sonst eventuell noch abziehen. In einer Pfanne Butter oder, Öl erhitzen und die Leber für 6 bis 8 Minuten bei milder Hitze anbraten. Die Pfanne gelegentlich schwenken, damit die Leber gleichmäßig gebraten wird. Mit Salz und Pfeffer würzen, die Soße zugeben und für einige Minuten ziehen lassen.

Dost waschen und trocknen. Die Leber auf vorgewärmten Tellern anrichten, mit frischem Dost garnieren.

Tipp: **Leber besteht aus feinerem Gewebe als andere Fleischteile und benötigt nur wenige Minuten Bratzeit. Daher die Leber erst im Nachhinein salzen und auf keinen Fall zu lange braten, sonst wird sie hart und zäh wie die berühmte »Schuhsohle«.**

Kotelett mit Kartoffel-Karotten-Gemüse

Das Leben auf dem Land bringt zu jeder Jahreszeit so manch kräftezehrende Arbeit mit sich – Hof, Acker und Garten wollen gehegt und gepflegt sein, das Obst geerntet und das Holz gehackt: Was man hat, das hat einen! Wie gut, wenn nach getaner Arbeit eine zünftige Mahlzeit auf dem Tisch steht.

Für 4 Personen

Für das Gemüse:

500 g Kartoffeln
2–3 mittelgroße Karotten
1 kleiner Bund Petersilie
2 große weiße Zwiebeln
2 EL Pflanzenöl
30 g Butter
Zucker
1 Lorbeerblatt
250 ml Gemüsebrühe (Rezept Seite 67)
Salz
50 ml Sahne
Pfeffer aus der Mühle
Muskat

Für die Koteletts:

4 Koteletts vom Schweinerücken
Salz
schwarzer Pfeffer aus der Mühle

Kartoffeln und Karotten schälen, je nach Größe halbieren oder vierteln und in gleichmäßige, etwa 1 cm dicke Scheiben schneiden. Petersilie waschen und fein hacken.

Zwiebeln schälen und fein würfeln, in einer tiefen Pfanne mit Öl und 1 EL Butter anschwitzen. Kartoffeln und Karotten für einige Minuten mitdünsten. Eine Prise Zucker und das Lorbeerblatt zugeben, die Brühe aufgießen, etwas Salz zugeben und etwa 15 Minuten sanft köcheln lassen. Lorbeerblatt entnehmen, die restliche kalte Butter einrühren, Sahne und Petersilie zugeben.

Mit Salz, Pfeffer aus der Mühle und Muskat abschmecken.

Die Koteletts trocken tupfen und auf beiden Seiten gleichmäßig mit Salz und Pfeffer würzen.

- 100 g doppelgriffiges Mehl (Spätzlemehl oder Wiener Grießler)
- 100 g Semmelbrösel
- 2 Eier
- 2 EL Sahne
- ½ TL Pflanzenöl
- Butterschmalz

Zum Garnieren:

- 1 Zitrone

Drei tiefe Teller für die Panierstraße bereitstellen: Mehl und Semmelbrösel jeweils in einen Teller geben, im anderen die Eier mit Sahne und Pflanzenöl verquirlen.

Die Koteletts zuerst in Mehl wenden, vorsichtig abklopfen, sorgfältig in der Ei-Sahne-Mischung wenden, kurz abtropfen lassen und in den Semmelbröseln fertig panieren.

In einer Pfanne das Butterschmalz erhitzen und die Koteletts bei mittlerer Hitze beidseitig für etwa 5 bis 8 Minuten pro Seite goldbraun anbraten. Aus der Pfanne nehmen, etwas abtropfen lassen und auf vorgewärmten Tellern mit Zitronenachteln und dem Kartoffel-Karotten-Gemüse anrichten.

Wer möchte, kann das Fleisch auch kurzgebraten ohne Panade genießen.

Kaspressknödel

Kein fränkisches Original, sondern eine Inspiration aus der österreichischen Alpenküche – dafür aber ein absoluter Liebling auf unserer Speisekarte. Die deftigen Taler aus flach gedrücktem Brot-Käse-Teig (daher der Name »Kaspress«) schmecken zu einem knackigen Blattsalat, als Suppeneinlage in einer Rinderbrühe oder mit Sommergemüse.

Für 4 Personen

300 g altbackene Brötchen oder Knödelbrot

1 mittelgroße Zwiebel

1 Bund Petersilie

1 kleiner Zweig Rosmarin

Saft und Abrieb von 1 Bio-Zitrone

1 säuerlicher Apfel (z. B. Boskop)

75 g Butter

250 ml Milch

3 Eier

Salz

schwarzer Pfeffer aus der Mühle

200 g Bergkäse oder anderer würziger Käse nach Belieben

Semmelbrösel

etwas Öl und 1 EL Butter zum Ausbraten

Die altbackenen Semmeln in etwa 1 cm große Würfel schneiden und in eine Schüssel geben. Die Zwiebel schälen und ebenfalls fein würfeln.

Petersilie und Rosmarin waschen und trocken tupfen. Petersilie fein hacken. Einige Nadeln vom Rosmarin entfernen, ebenfalls fein schneiden.

Zitrone heiß waschen, abtrocknen. Abrieb einer halben Zitrone über die Semmeln geben. Den Apfel schälen, entkernen, in kleine Würfel schneiden, mit etwas Zitronensaft beträufeln und zur Brotmasse geben.

In einem kleinen Topf die Hälfte der Butter zum Schmelzen bringen, die Zwiebeln bei milder Hitze darin glasig dünsten. Rosmarin und Petersilie zugeben, kurz ziehen lassen. Die Milch aufgießen, einmal aufkochen und abkühlen lassen. Eier mit der Milchmischung verquirlen, mit Salz und Pfeffer würzen. Käse fein würfeln oder reiben. Alles über der Brotmasse verteilen, gut durchmischen, die Ei-Milch-Mischung zufügen und etwa 15 Minuten abgedeckt stehen lassen. Den Knödelteig gut durchkneten.

Sollte die Knödelmasse zu feucht sein, etwas mehr Semmelbrösel einarbeiten und nochmals kurz ziehen lassen.

Aus der Masse mit angefeuchteten Händen flache Laibchen formen, flach pressen und in Semmelbröseln wenden. In einer Pfanne Öl und Butter erhitzen und die Knödel bei mittlerer Hitze von beiden Seiten einige Minuten knusprig goldbraun ausbraten.

Tipp:

Die Zutaten für die Kaspressknödel sind schlicht – aber das Gericht wird nur so gut wie der Käse, den man für sie verwendet. Er ist der Hauptakteur, wichtig ist gute Qualität und ein würzig-intensives Aroma, das in der Säure von Apfel und Zitrone seine Ergänzung findet.

Forelle »Müllerin Art«

In den Bächen und Fließgewässern der Fränkischen Schweiz ist die Forelle heimisch und wird in den Wirtshäusern liebend gerne verzehrt. Zubereitet wird sie am liebsten im blauen Sud mit Salzkartoffeln, im Bierteig gebacken und mit Kartoffelsalat oder eben, wie hier, ganz nach Art der Müllerin – schlicht, aber ungemein köstlich.

Für 4 Personen

4 frische Forellen à 350 g, küchenfertig

Salz

schwarzer Pfeffer aus der Mühle

doppelgriffiges Mehl (Spätzlemehl oder Wiener Grießler)

2 Zitronen

1 kleiner Bund Petersilie

Pflanzenöl zum Anbraten

120 g Butter

Die Forellen waschen und trocken tupfen. Mit Salz und Pfeffer würzen, in Mehl wenden. Die Zitronen heiß abwaschen, eine in Scheiben schneiden, die andere achteln. Petersilie waschen, trocken tupfen und fein hacken.

Die Forellen in zwei Pfannen und in etwas Öl bei mittlerer Hitze goldbraun anbraten. Die Fische nach etwa 5 Minuten vorsichtig wenden, Butter und je 2 Zitronenscheiben mit in die Pfannen geben. Die Fische bei milderer Hitze weitere 4 bis 5 Minuten anbraten, dabei löffelweise mit der Butter übergießen.

Mit den Zitronenachteln und der Petersilie servieren.

Tipp: **Eine feine Beigabe zur Forelle sind gehobelte Mandelblättchen, die in Butter goldbraun geröstet werden. Klassischerweise serviert man in Franken zur Forelle Kartoffelsalat, aber auch Petersilienkartoffeln eignen sich hervorragend als Begleitung.**

Zweierlei Krautwickel mit würziger Tomatensoße

Im Herbst ist Erntezeit für Kohlköpfe – ob weiß, rot, spitz oder rund, liefern sie alle eine Fülle von Nähr- und Ballaststoffen, sind kalorienarm und so vielseitig einsetzbar, dass es eine wahre Freude ist. Eine beliebte Zubereitung für den mächtigen Weißkohl mit seiner leichten, angenehmen Süße sind Krautwickel, die wir hier in einer vegetarischen und einer klassischen Füllung servieren.

Für 4 Personen

Für die Krautwickel:

1 mittelgroßer Kopf Weißkohl
Salz

Für die Fleischfüllung:

1 Zwiebel
2 Knoblauchzehen
½ Bund Petersilie
100 g Champignons
Pflanzenöl
1 EL Butter
2 altbackene Brötchen
60 ml Milch
500 g Hackfleisch gemischt
1 TL Tomatenmark
2 TL Senf
1 Ei
Abrieb von ¼ Bio-Zitrone
½ TL gemahlener Kümmel
½ TL getrockneter Majoran
Salz
schwarzer Pfeffer aus der Mühle

Den Weißkohl putzen, 8 große Blätter vom Strunk lösen. In einem großen Topf Wasser mit reichlich Salz zum Kochen bringen. Die Kohlblätter portionsweise für etwa 5 Minuten blanchieren. Danach in einer Schüssel mit Eiswasser abschrecken und abtropfen lassen. Den übrigen Kohl zu einem anderen Gericht (zum Beispiel Krautsalat) weiterverarbeiten.

Für die Fleischfüllung Zwiebel und Knoblauch schälen und fein hacken. Petersilie waschen, von groben Stielen befreien und fein hacken. Champignons putzen, abbrausen und in feine Scheiben schneiden, große Pilze eventuell halbieren. Öl und Butter in einer großen Pfanne erhitzen, Zwiebel bei milder Hitze glasig dünsten, Knoblauch und Pilze zugeben und anschwitzen. Brötchen würfeln, Milch erwärmen und darübergeben. Alle Zutaten in einer großen Schüssel mit dem Hackfleisch vermengen. Tomatenmark, Senf, Ei, Petersilie und Gewürze dazugeben, mit Salz und Pfeffer würzen und gut durchkneten. Abgedeckt etwas ziehen lassen.

Für die Gemüsefüllung:

150 g Hirse
1 Zwiebel
1 Knoblauchzehe
1 Frühlingszwiebel
1 Karotte
150 g Champignons
20 g getrocknete Steinpilze
1 Bund Petersilie
2 EL Olivenöl
1 EL Sojasoße
80 g Schafskäse
Abrieb von ½ Bio-Zitrone
2 Eier
Salz
schwarzer Pfeffer aus der Mühle

Für die Gemüsefüllung Hirse unter fließendem Wasser in einem Sieb abspülen. In einem kleinen Topf leicht gesalzenes Wasser zum Kochen bringen, Hirse für etwa 5 Minuten köcheln, abgießen.

Zwiebel und Knoblauch schälen und fein hacken. Frühlingszwiebel waschen und in feine Ringe schneiden. Die Karotte waschen und in feine Streifen hobeln. Champignons putzen, abbrausen und in feine Scheiben schneiden, große Pilze eventuell halbieren. Steinpilze für einige Minuten in warmes Wasser einlegen und fein schneiden. Petersilie waschen, von groben Stielen befreien und fein hacken, etwas für die Garnitur beiseitelegen.

Öl in einer großen Pfanne erhitzen, Zwiebel bei milder Hitze glasig dünsten. Karottenstreifen, Frühlingszwiebel, Steinpilze und Knoblauch zugeben und mitdünsten. Mit Sojasoße ablöschen. In einer zweiten Pfanne die Pilze bei starker Hitze in etwas Öl kurz sehr heiß anbraten, bis sie schön gebräunt sind.

Gemüse und Pilze in eine Schüssel geben und mit Hirse, Schafskäse, Petersilie, Zitronenabrieb und den zwei aufgeschlagenen Eiern gut durchmischen. Die Masse sollte saftig, aber nicht zu nass sein, eventuell etwas Semmelbrösel zugeben.

Zum Befüllen der Krautwickel die dicken Mittelrippen der Kohlblätter mit flach gesetztem Schnitt ebnen, so dass sich das Blatt gut befüllen und rollen lässt. Die Füllung – Gemüse oder Fleischfüllung – darauf verteilen. Die seitlichen Ränder einschlagen und das Kohlblatt längsseitig aufrollen, mit Küchengarn fixieren.

Für den Sud:

1 Zwiebel

1 Knoblauchzehe

1 Karotte

1 kleines Stück Knollensellerie

Pflanzenöl zum Anbraten

brauner Zucker

2 EL Tomatenmark

200 ml Gemüsebrühe (Rezept Seite 67)

500 g stückige Tomaten aus der Dose

Salz

schwarzer Pfeffer aus der Mühle

Zum Garnieren (optional):

Sauerrahm

Für den Sud Zwiebel und Knoblauch schälen und fein würfeln. Karotte und Sellerie waschen, schälen und in sehr feine Würfel schneiden. In einem großen Bräter 2 bis 3 EL Öl erhitzen. Zunächst – portionsweise – die Krautwickel darin vorsichtig anbraten, bis sie rundherum gebräunt sind, wieder herausnehmen und beiseitestellen. Noch etwas Öl zugeben, die Zwiebel andünsten, Karotte, Sellerie und Knoblauch dazugeben und bräunen. Mit etwas braunem Zucker bestreuen, kurz karamellisieren lassen. Tomatenmark unterrühren, kurz bräunen lassen. Mit Gemüsebrühe ablöschen, Tomatenstücke zugeben, salzen und pfeffern und für einige Minuten köcheln lassen. Krautwickel in die Soße geben (sie müssen nicht vollständig bedeckt sein) und zugedeckt etwa 30 bis 35 Minuten bei milder Hitze schmoren.

Nochmals abschmecken und mit der gehackten Petersilie und – nach Geschmack – mit 1 EL Sauerrahm servieren. Dazu schmeckt buttriger Kartoffelstampfer.

Tipp: **Die Krautwickel können vor dem Servieren nochmals kurz scharf angebraten werden – das gibt köstliche Röstaromen. Wer möchte, kann die Hackfleisch-Variante statt mit Tomatensoße auch mit Fleischfond aufgießen. Die Soße wird mit Sahne abgelöscht und mit kalter Butter oder Speisestärke abgebunden.**

Weißenoher
Klosterbrauerei

Ein neues Jahr beginnt

»Stärk' antrinken« – traditionsreicher Biergenuss in Franken

Wie überall auf der Welt beginnt auch im Lillachtal das neue Jahr damit, Familie und Freunde am Neujahrstag mit guten Wünschen zu bedenken. Und so individuell diese Wünsche sein mögen, sind sicherlich jene zahlreich, die dem Gegenüber Kraft und Gesundheit bringen sollen – oder im Volksmund: »Stärk'«. Ein tief in der fränkischen Tradition verwurzelter Brauch ist das gemeinschaftliche »Stärk' antrinken« an Hochneujahr, dem 6. Januar, der mancherorts auch am Vorabend, dem 5. Januar, begangen wird.

Verbreitet ist der Brauch zur Feier des Jahreswechsels, der auch das Ende der Rauhnächte markiert, in Franken noch heute sicherlich auch deshalb, weil die Menschen hier Braukultur und Bier hochschätzen: In Oberfranken werden an die 1000 verschiedene Biere gebraut, die Region weist mit über 250 Brauereien die weltweit höchste Brauereidichte auf. Einige davon brauen aus Anlass des »Stärk' antrinken« ein besonderes Starkbier. So zelebriert auch die Klosterbrauerei Weißenohe mit dem in Maßkrügen ausgeschenkten Bonator Doppelbock alljährlich das Zusammenkommen von Bürgern und Freunden der Brauerei im atmosphärischen Klosterhof: Im Lichtschein der Feuertonnen und bei flotter Musik erfreut man sich guter Gesellschaft, der Bonator löst die Zungen und regt die Nervenzellen an. Ein wenig enthemmt lässt sich da so manche bislang unausgesprochene Zwistigkeit bereinigen oder vielleicht auch eine neue Liaison eingehen – und Stoff für heitere Anekdoten liefert dieser Abend zweifellos, manch einer soll sogar mit der Rowern (der Schubkarre) nach Hause gebracht worden sein. Die zwölf Seidla Bier, die für jeden Monat des neuen Jahres getrunken werden sollen, damit alles Unbill fernbleibt und die Stärk auch wirklich die gesamte Zeit überdauert, werden dabei zwar vermutlich nicht konsumiert. Aber ganz sicher vereint der Genuss des Bieres die Dorfgemeinschaft an diesem Abend mit viel Freude und lässt alle befreit vom Alten und mit der nötigen »Stärk'« getrost ins neue Jahr gehen – oder vielleicht auch ein wenig taumeln ...

Lillachquelle und Hersbrucker Hopfen

Über diese Gepflogenheit hinaus ist der Biergenuss natürlich häufig Anlass und Kristallisationspunkt für geselliges Zusammenkommen, am Stammtisch im Wirtshaus oder in heimeliger Runde zum Essen am Feierabend. Dabei reicht die gute Praxis der Verköstigung von Gästen mit dem traditionsreichen Getränk weit in die Vergangenheit zurück: Klöster richteten Stuben zur Einkehr ein, um ihre Besucher mit Bier und Speisen zu versorgen. Auch in der Klosterbrauerei, die ihre Wurzeln in dem im Jahr 1109 geweihten Benediktinerkloster zu Weißenohe hat, wurden zu allen Zeiten Reisende und Pilger empfangen und an der Pforte bewirtet. Dieser Verpflichtung fühlt sich die Brauerfamilie Winkler, in deren Familienbesitz sich die Brauerei und auch das angrenzende Wirtshaus seit 1927 befinden, auch heute noch verbunden. Sie beliefert die umliegenden Gasthäuser mit ihren traditionell gebrauten Bieren, deren Geschmacksbild und Farbe unmittelbar von ihrer Herkunft geprägt sind.

Denn in den Jurahöhen der Fränkischen Schweiz oberhalb der Ortschaft entspringt das Brauwasser, die gut geschützten Quellen liegen an denselben Stellen wie die ursprünglichen Klosterquellen und liefern bis heute hervorragendes Brauwasser. Dieses Quellwasser ist durch den hohen Anteil an Kalziumkarbonat überaus hart. Bei einem Spaziergang im Lillachtal ist diese Besonderheit in Form der Kalktuffsteinterrassen zu bewundern, den sogenannten Sinterstufen, über die das Wasser der Lillach plätschert. Den Weißenoher Bieren verleiht das harte Quellwasser neben den vollmundigen Aromen vor allem die typisch fränkischen, in vielen Schattierungen existierenden Rottöne.

Ob nun Altfränkisch, Pils oder Eucharius Märzen, in den Bieren immer mit dabei ist der Hersbrucker Hopfen, mit erfrischenden Noten von Zitrus und Kiwi und seinem unverkennbaren Geruch, der an eine blühende Sommerwiese erinnert: Macht man nach einer guten Mahlzeit im Wirtshaus auf einer der Wiesen oberhalb des Dorfes eine Ruhepause, umspielen einen die würzigen Aromen von Wildem Dost, Petersilie, Wiesenkerbel, Heu und Liebstöckel. Gebraut werden die Bioland-Biere der Klosterbrauerei ganz bewusst mit Hopfen und Gerste direkt aus Oberfranken, denn eine Vermälzung und die Hopfenverarbeitung in regionalen Betrieben ist wegen umweltschonender Transportwege und der direkten Verbindung mit den Landwirten Herzensangelegenheit.

Karge Zeiten und nahrhafte Genüsse

Wenige Wochen nach dem »Stärk' antrinken« rüsten sich die fränkischen Närrinnen und Narren für die Fastnacht. Im Gegensatz zum Karneval, dessen Zeremoniell mit Prinzenpaar und Garden das Treiben an den Fürstenhöfen der Feudalzeit nachahmt und auf den Kopf stellt, hat die Fastnacht ihre Wurzeln im bäuerlichen Umfeld. Eine Vielzahl von Fastnachtsläufen vor allem in Mittelfranken, wo die beeindruckenden Masken und aufwendigen, bunten Kostümierungen mit Stolz unters närrische Volk getragen werden, laden dazu ein, sich auf die Spuren der Gebräuche alter fränkischer Fastnacht zu begeben.

Dorfhaus und Weißenohe sind nun mitnichten Hochburgen der Fastnacht, das bunte Treiben überlässt man hier getrost anderen. Nicht dass nicht gefeiert würde, aber solch unbotmäßiger Aufwand nur für Kostüm und Maskerade? Das Wirtshaus hatte für die sehr zögerlichen Narren schon in frühen Jahren eine passende Antwort parat: den Kappenabend. Eine Veranstaltung mit Faschingsliedern, Tanz und Bier, zu der man völlig in Zivil gehen konnte, für die der Wirt aber – sozusagen als Eintrittsgeld – Hüte und Kappen verkaufte: Sultanshüte mit Bommeln oder Matrosenhütchen waren echte Verkaufsschlager, die Verwegenen unter den Gästen ergänzten die Maskerade mit Pappnasen oder einem Matrosenhemd. Damit aber war der Narretei Genüge getan.

Ohnehin beginnt nach dem Aschermittwoch die Fastenzeit, und wichtiger als die Kostümierung war es allemal, Leib und Seele vor dem vierzigtägigen Verzicht noch einmal zu stärken: Daher sind die Faschingstage vor Fastenbeginn die Hochzeit des Krapfens. Auch wenn nicht zweifelsfrei geklärt ist, woher das runde Gebäckstück ursprünglich kommt, gehörte es doch zu den von der Kirche im Mittelalter empfohlenen Speisen.

Auch was Getränke anbetraf, gab es klare Empfehlungen, die bis heute Spuren im Jahresverlauf hinterlassen: »Flüssiges bricht Fasten nicht«, so lautete eine Fastenregel zu den Zeiten der Benediktinermönche in Weißenohe. Um die nötige Versorgung der Mönche zu sichern, wurde das Bier zu den Fastenzeiten stärker gebraut. In der mageren Zeit brachte dies ein bedeutendes Mehr an Zucker, Mineralien und Vitaminen mit sich – und bei ausreichender Gärung eine nicht unerhebliche Portion Alkohol. Tatsächlich kam dem Bier als flüssigem Brot nicht nur in der Fastenzeit große Bedeutung zu, es war vielmehr wichtiger Bestandteil der alltäglichen Versorgung.

Doch auch heute ist Bier längst nicht alleine zum Trinken da, mit seinen vielfältigen Geschmacksbildern eignet es sich hervorragend sowohl zum Kochen als auch für die Zubereitung von Süßspeisen und Gebäck.

Biergulasch

Das Traditionsgericht Gulasch gibt es in vielerlei Varianten und womöglich kennt so mancher das eine, das perfekte Rezept. Aber machen Sie sich nicht verrückt – was schmeckt, ist erlaubt, und die Hauptsache ist doch: herrlich saftig, würzig und lecker!

Für 4 bis 6 Personen

1,2 kg Rindfleisch (Wade oder Schulter)
200 g Speck
1 kg weiße Zwiebeln
2 Knoblauchzehen
Pflanzenöl zum Anbraten
2 EL Tomatenmark
500 ml Fleischbrühe
750 ml Bier
2 Lorbeerblätter
10 Wacholderbeeren
1 EL Kümmel
1–2 EL Paprikapulver
Salz
Pfeffer
Abrieb von ½ Bio-Zitrone
Petersilie

Das Fleisch in etwa 3 cm große Würfel schneiden. Den Speck in Würfel schneiden. Zwiebeln schälen, in Würfel schneiden. Knoblauch schälen, fein schneiden.

In einem ausreichend großen Topf das Öl erhitzen, die Zwiebeln und den Knoblauch darin glasig dünsten. Das Tomatenmark unterrühren, Fleisch zufügen und anbraten. Speck zugeben. Mit Brühe und Bier aufgießen, das Fleisch sollte bedeckt sein.

Bei nicht ganz geschlossenem Deckel etwa 3,5 Stunden bei milder Hitze schmoren, jedoch nicht kochen lassen. Eine halbe Stunde vor Ende der Garzeit ein Gewürzei mit Lorbeerblättern, Wacholder und Kümmel zugeben, am Ende wieder entfernen. 1–2 EL Paprikapulver mit etwas Wasser anrühren, zum Gulasch geben, kurz ziehen lassen.

Mit Salz, Pfeffer und Zitronenabrieb abschmecken, vor dem Servieren mit etwas Petersilie bestreuen und mit frischem Brot oder auch Bandnudeln servieren.

Tipp: **Für die Zubereitung von Gulasch gilt die alte Weisheit: »Gut Ding will Weile haben« – unabdingbar ist das langsame Schmoren. Und am nächsten Tag schmeckt es erst so richtig gut.**

Bockbier-Sirup

Der »fränkische Ahornsirup« mit seinem dunklen malzig-süßen Aroma und der leichten Schärfe des Ingwers schmeckt wunderbar zu Desserts – auf Pfannkuchen, über Eis oder als Aromatisierung von Schokolade und Pralinen. Aber auch beim Verfeinern von Soßen macht der Sirup eine gute Figur.

Für ca. 4 Flaschen à 200 ml

500 ml Bockbier
500 g brauner Zucker
Abrieb von 1 Bio-Orange
Abrieb von ½ Bio-Zitrone
1 Stück Ingwer

Das Bier mit dem Zucker in einen Topf geben und unter ständigem Rühren aufkochen. Orangen- und Zitronenabrieb und ein etwa daumengroßes Stück Ingwer dazugeben. Weiterrühren und den Sirup bis zur gewünschten Konsistenz einköcheln. Falls viel Schaum entsteht, diesen zwischendurch sorgfältig mit einem Schaumlöffel abnehmen. Nochmals abschmecken.

Noch heiß in saubere Flaschen abfüllen. Bei sorgfältiger Zubereitung hält sich der Sirup sechs Monate.

Oma Annas Grieben-pogatschen

Eine deftige Delikatesse, bei der auch Stammtischbrüder zu Naschkatzen werden: In den Wintermonaten und nach der Schlachtung wurden aus den Grieben Pogatschen gebacken, ein rundes, salziges Hefegebäck, das auf dem Balkan und im Banat bekannt ist – Oma Anna servierte es in der Faschingszeit zum Bier.

Für ca. 30 Stück

300 g fein gemahlene Grieben (Grammeln) aus gut durchwachsenem Bauchspeck
400 g Mehl
100 ml Milch
1 Würfel Hefe
Zucker
Salz
1 EL Sauerrahm
1 Eigelb
2 Eigelb zum Bestreichen

Alle Zutaten Zimmertemperatur annehmen lassen. Die Grieben mit 50 g Mehl zu Bröseln verreiben. Für den Vorteig die Milch handwarm erwärmen, die Hefe mit etwas Mehl und einer Prise Zucker dazugeben, verrühren und abgedeckt an einem warmen Ort etwa 10 Minuten gehen lassen. Das übrige Mehl auf eine Arbeitsfläche sieben, eine Mulde formen.

Salz, Sauerrahm und 1 Eigelb sowie die Hefe-Milch-Mischung dazugeben und gut durchkneten, bis ein glatter, geschmeidiger Teig entstanden ist, der nicht mehr klebt. Eventuell etwas Mehl oder aber etwas Milch dazugeben. An einem warmen Ort gehen lassen, bis er sein Volumen verdoppelt hat.

Teig zu einem Rechteck ausrollen, bis er etwa 1 cm dick ist, und mit der Griebenmasse bestreichen. Dann wie bei einem Blätterteig vorgehen: Für die erste Tour die Teigplatte von zwei Seiten zur Mitte hin falten, von oben nach unten und von unten nach oben einschlagen. Nochmals ruhen lassen.

Dann den Teig wiederum ausrollen, nochmals falten und die Tour wiederholen. Am Schluss den Teig etwa 1,5 cm dick ausrollen und Kreise von Ø 5 cm ausstechen. Nochmals kurz ruhen lassen, mit Eigelb bepinseln und im vorgeheizten Backofen bei 200 °C Ober-/Unterhitze (Umluft 180 °C) zirka 20 Minuten goldbraun backen.

Tipp:

Am besten fragt man in der örtlichen Metzgerei nach frischen Grammeln oder Grieben, die bei der Fettgewinnung aus stark fetthaltigen Schweineteilen wie Bauch und Rücken entstehen.

Krapfen mit Hiffenmark

Was wäre die Faschingszeit ohne die flaumig-süßen Teilchen mit dem unwiderstehlich fruchtigen Inneren? Der Phantasie, was die Füllung anbetrifft, sind kaum Grenzen gesetzt, die meisten Franken lieben aber diesen Klassiker mit der aus Hagebutten (fränkisch »Hiffen«) hergestellten Konfitüre.

Für etwa 24 Krapfen

Für den Teig:

650 g Mehl
100 g Weichweizengrieß
300 ml Milch
80 g Zucker
100 g Butter
1 Würfel Hefe
1 Ei
4 kleine oder 3 große Eigelb
Prise Salz
½ TL Backpulver
Abrieb von ½ Bio-Zitrone

Für die Füllung:

2 Gläser Hiffenmark (Hagebuttenmark)

Butterschmalz oder anderes Fett zum Ausbacken
Puderzucker oder Kristallzucker zum Bestreuen

Das Mehl in eine Schüssel sieben und den Grieß dazugeben. Die Milch lauwarm erwärmen. Zucker und Butter zur Milch geben, einrühren und schmelzen lassen. Die Hefe ebenfalls in die Milch bröckeln und unterrühren, die Mischung zum Mehl geben. Eier, Eigelb, Salz, Backpulver und den Zitronenabrieb hinzufügen. Alle Zutaten gut vermengen und für mindestens 10 Minuten sehr gut durchkneten. An einem warmen Ort zugedeckt für mindestens 1 Stunde gehen lassen, bis der Teig gut aufgegangen ist.

Den Teig nochmals durchkneten und daumendick auf einer bemehlten Arbeitsfläche ausrollen. Mit einem Krapfenausstecher oder einem Glas (Ø 8 cm) Kreise ausstechen. An einem warmen Ort zugedeckt für 20 bis 30 Minuten gehen lassen.

In einem großen Topf ausreichend Fett auf 160 °C erhitzen. Die Krapfen portionsweise schwimmend ausbacken, dabei nur so viele Teiglinge ins Fett geben, dass sie bequem Platz haben. Jede Seite wird 2 bis 3 Minuten gebacken, dabei immer sofort nach dem Einlegen bzw. Umdrehen den Topfdeckel schließen, damit die Krapfen schön aufgehen können.

Die Krapfen mit einem Schaumlöffel aus dem Fett heben, auf einem Gitter und Küchenkrepp abtropfen lassen. Noch warm mit Zucker bestreuen und mithilfe einer Spritztülle oder einer Spritze mit Hiffenmark befüllen.

Tipp:

Damit der Teig gut gelingt, sollten alle Zutaten Raumtemperatur haben, daher alles rechtzeitig bereitlegen. Auch gilt für den Krapfenteig ebenso wie für die Herstellung von anderem Hefeteig: Er muss es schön warm haben!

Sonntagsschmaus – gemeinsam isst man besser

Die Rituale, die in unseren Familien und Freundeskreisen den Sonntag prägen, sind heute bunt und verschieden. Längst geht nicht mehr jeder in die Kirche, holt die guten Kleider heraus und folgt behaglich einem immer gleichen Regelwerk. Ungeachtet aller individuellen Gestaltungsmöglichkeiten jedoch ist der Sonntagmittag auch heute noch etwas ganz Besonderes und das Gemeinsam-Essen hat Tradition. Im Wirtshaus lässt sich das immer wieder aufs Neue mit allen Sinnen erfahren: Mit den ersten Gästen, die zur Tür hereintreten und nach den reservierten Tischen, nach ihren Freunden und Familien Ausschau halten, zieht eine einzigartige Atmosphäre in den Raum ein. Denn man nimmt sich Zeit, versammelt sich um den Tisch, trifft Tante und Onkel oder gute Freunde. Zum feiertäglich gestimmten Müßiggang gesellt sich die Lust, sich etwas Gutes zu gönnen, sich verwöhnen zu lassen und vielleicht ein bisschen über die Stränge zu schlagen. Zeit also für die Wirtshaus-Klassiker! Diese traditionellen Sonntagsbraten und Spezialitäten aus der Suppenterrine benötigen etwas Zeit, aber es lohnt sich, sich ihnen zu widmen. Versprochen!

Apfel-Sellerie-Suppe

Als perfektes Paar bewähren sich Apfel und Sellerie in Speisen wie dem fränkischen Rohkostsalat mit Walnüssen und Sauerrahm oder dem originalen Waldorfsalat. Aber auch in der Suppe machen die Süße und Erdigkeit des Wurzelgemüses und die aromatische Fruchtigkeit des Apfels eine ganz prächtige Figur.

Für 4 Personen

1 Zwiebel

50 g Butter oder Olivenöl

8 säuerliche Äpfel (z. B. Braeburn oder Boskop)

½ Knollensellerie

3 mehlig kochende Kartoffeln

700 ml Apfelsaft

300 ml Gemüsebrühe (Rezept Seite 67)

1 Lorbeerblatt

Salz

schwarzer Pfeffer aus der Mühle

Zwiebel schälen und fein würfeln. Sellerie, Äpfel und Kartoffeln schälen und in 1 bis 2 cm große Würfel schneiden.

Zwiebel bei mittlerer Hitze sanft in der Butter oder im Olivenöl in einem Topf glasig andünsten. Selleriewürfel und Äpfel dazugeben und unter Rühren langsam dünsten. Apfelsaft, Gemüsebrühe, Lorbeerblatt und Kartoffelwürfel dazugeben und alles bei mäßiger Hitze etwa 30 Minuten weich garen. Das Lorbeerblatt entfernen und Topfinhalt mit dem Pürierstab glatt pürieren. Bei Bedarf noch etwas Apfelsaft oder auch Wasser (je nach Säuregehalt) zugeben, bis die gewünschte Konsistenz erreicht ist. Mit Salz und Pfeffer abschmecken.

Die Suppe schmeckt sehr gut mit in Butter gerösteten Pumpernickel-Würfeln oder auch mit Speckwürfelchen.

Fränkische Festtagssuppe mit Leberknödeln und Pfannkuchenstreifen

Glück soll sie dem Brautpaar bringen: Die Festtagssuppe oder auch Hochzeitssuppe aus feiner Rinderbrühe ist eine Spezialität der fränkischen Küche, die zu feierlichen Anlässen serviert wird. Die Zubereitung erfordert frische Zutaten und etwas Geschick, doch dann wird der Gaumen wahrhaft fürstlich entlohnt.

Für 6 Personen

Für die Pfannkuchenstreifen:

3 Eier
100 g Mehl
250 ml Milch
50 g Butter
1 Stängel Petersilie
½ kleiner Bund Schnittlauch
Salz
schwarzer Pfeffer aus der Mühle
frisch geriebene Muskatnuss
30 g Butter zum Ausbacken

Für die Pfannkuchenstreifen Petersilie und Schnittlauch waschen, trocken tupfen und fein hacken. Die Butter in einer kleinen Pfanne bei milder Hitze zerlassen. Die Eier in einer Schüssel verquirlen, das Mehl dazusieben und sorgfältig unterrühren. Nach und nach zunächst die Milch, dann die flüssige Butter und die Kräuter einrühren. Den Teig mit Salz, Pfeffer und Muskat würzen und zugedeckt etwa 15 Minuten ruhen lassen.

Bei milder Hitze 1 TL Butter in einer Pfanne zerlassen. Etwas Teig hinzugeben und durch Schwenken der Pfanne vorsichtig verteilen, so dass der Boden gleichmäßig dünn bedeckt ist. Etwa 1 bis 2 Minuten backen, bis die Unterseite goldbraun ist, dann wenden und die zweite Seite ebenfalls bräunen lassen. Mit dem übrigen Teig ebenso verfahren, zwischen dem Ausbraten der Pfannkuchen nach Bedarf mehr Butter zerlassen. Zum Servieren die Pfannkuchen in feine Streifen schneiden.

Für die Knödel:

3 altbackene Brötchen
125 ml Milch
1 Zwiebel
20 g Butter
150 g Rinderleber
1 Ei
½ TL Majoran, fein gehackt
1 TL Petersilie
Salz
schwarzer Pfeffer aus der Mühle

Für die Suppe:

1,5 l Rinderbrühe (Rezept Seite 65)
1 Karotte
1 kleines Stück Knollensellerie
½ Bund Schnittlauch zur Garnitur

Für die Knödel Brötchen klein würfeln, Milch erwärmen und darübergießen. Zwiebel fein würfeln. Die Butter zerlassen und die Zwiebelwürfel einige Minuten glasig und weich dünsten. Die Leber parieren, das heißt, von der dünnen, silbrigen Außenhaut befreien. Würfeln und mit einem Pürierstab pürieren. Leber, Zwiebel, Ei und Majoran zur Brötchenmasse geben. Die Masse salzen, pfeffern und gut durchkneten. Für 15 Minuten ruhen lassen.

Mit feuchten Händen aus der Knödelmasse Knödel formen und rollen. Die Brühe erhitzen. Knödel in der heißen Brühe für zirka 15 bis 20 Minuten gar ziehen lassen.

Karotte und Sellerie waschen, schälen und in sehr feine Streifen schneiden. In einem kleinen Topf mit kochendem Salzwasser in wenigen Minuten gar werden lassen (nicht zu weich). Mit eiskaltem Wasser abschrecken.

Die Suppe mit dem Gemüse und den Leberknödeln in tiefen Tellern anrichten und mit Schnittlauch garnieren.

Als weitere Einlagen schmecken Grießnocken, Eierstich oder Suppenbiskuits köstlich.

Die Basis der guten Soße

Selbst gekochte Fonds und Brühen aus Fleisch, Gemüse oder Fisch herzustellen benötigt zwar etwas Zeit und vor allem einen großen Topf, aber sie sind unersetzliche Grundlage für die Weiterverarbeitung zu Soßen. Doch damit nicht genug: Aus ihnen lassen sich auch herrliche Suppen herstellen und alle möglichen Gerichte von Kartoffelsalat bis Pasta, Vinaigrette oder Risotto verfeinern. Darüber hinaus bietet die Fondherstellung die beste Möglichkeit, übrig gebliebene Abschnitte, Schalen oder Strünke weiterzuverarbeiten.

Helle Rinderbrühe

Für 5 l Brühe

150 g Knollensellerie
150 g Lauch
150 g Karotten
1 Petersilienwurzel
1 Knoblauchzehe
4 große weiße Zwiebeln
2 kg Rindfleisch
3 Markknochen
5 l kaltes Wasser
1 Bund Kräuter der Saison (Petersilie, Giersch, Thymian, Liebstöckel)
1 TL Pfefferkörner
1 TL Wacholderbeeren (angedrückt)
1 TL Pimentkörner
2 Lorbeerblätter

Das Gemüse waschen, Petersilienwurzel, Sellerie und Karotten schälen, grob schneiden. Den Lauch in grobe Stücke schneiden. Die Knoblauchzehe schälen. Die Zwiebeln halbieren, auf den Schnittflächen ohne Zugabe von Fett in einem großen Topf anrösten.

Das restliche Gemüse, Knoblauch, Fleisch und Markknochen hinzufügen, mit 5 l kaltem Wasser auffüllen und langsam zum Kochen bringen. Die Temperatur reduzieren und für etwa 2 bis 2,5 Stunden mit geschlossenem Deckel simmern lassen.

Nun die Kräuter und Gewürze hinzufügen und eine weitere Stunde ziehen lassen. Den vom Fleischeiweiß aufsteigenden Schaum abschöpfen. Anschließend durch ein Sieb abgießen.

Dunkle Geflügelbrühe

Für 5 l Brühe

- 1 Suppenhuhn oder Hühnerkarkassen (ca. 1,5–2 kg)
- 150 g Knollensellerie
- 150 g Lauch
- 150 g Karotten
- 1 Knoblauchzehe
- 3 große weiße Zwiebeln
- 150 ml Weißwein
- 5 l kaltes Wasser
- optional: Petersilie, 1 kleiner Zweig Thymian
- 1 TL Pfefferkörner
- 1 TL Wacholderbeeren
- 1 TL Pimentkörner
- 2 Lorbeerblätter

Den Ofen auf 200 °C Ober-/Unterhitze (Umluft 180 °C) vorheizen. Das Suppenhuhn zerteilen und das Fleisch oder die Karkassen sorgfältig unter fließendem Wasser abwaschen. Etwas trocken tupfen und auf einem Blech (ohne Fett) für etwa 30 Minuten im Ofen dunkelbraun rösten.

Währenddessen das Gemüse waschen, Sellerie und Karotten schälen, grob schneiden. Den Lauch in grobe Stücke schneiden. Die Knoblauchzehe schälen. Die Zwiebeln halbieren und auf den Schnittflächen ohne Zugabe von Fett in einem großen Topf hellbraun anrösten, mit dem Weißwein ablöschen. Das restliche Gemüse, den Knoblauch und die gebräunten Hühnerteile hinzufügen, mit 5 l kaltem Wasser auffüllen und zum Kochen bringen. Die Temperatur reduzieren und für etwa 4 Stunden simmern lassen, bei Bedarf Wasser nachfüllen.

Kräuter und Gewürze hinzufügen und eine weitere Stunde ziehen lassen. Zum Ende der Garzeit den Schaum abschöpfen. Die Brühe durch ein Sieb gießen.

Gemüsebrühe

Für 5 l Brühe

4 große weiße Zwiebeln
½ Knollensellerie
2–3 Karotten
2 Stangen Lauch
1 Petersilienwurzel
1 Knoblauchzehe
5 l kaltes Wasser
500 ml Weißwein
4 getrocknete Pflaumen
1 Bund Petersilie
1 TL Pfefferkörner
1 TL Wacholderbeeren
1 TL Pimentkörner
2 Lorbeerblätter

Die Zwiebeln vierteln. Das Gemüse waschen, Petersilienwurzel, Sellerie und Karotten schälen, grob schneiden. Den Lauch in grobe Stücke schneiden. Den Knoblauch schälen.

In einem großen Topf das Gemüse und alle anderen Zutaten mit 5 l kaltem Wasser und Wein zum Kochen bringen, dann die Temperatur reduzieren und bei milder Hitze für etwa 3 Stunden simmern lassen.

Den Topf vom Herd nehmen und für mindestens 8 Stunden ziehen lassen, nochmals aufkochen und durch ein Sieb abgießen.

Im Sommer geben 5 bis 6 Tomaten zusätzlich guten Geschmack ab.

Tipp: Für alle Fonds gilt, dass kein Salz ins Wasser zugegeben werden darf – nur so erreicht man, dass Gemüse, Fleisch oder Fisch möglichst viel Geschmack ans Kochwasser abgeben. Im Umkehrschluss salzt man Garwasser besonders tüchtig, wenn man verhindern möchte, dass Gemüse wie beispielsweise grüne Bohnen Aroma abgibt.

Die Brühen lassen sich bei sorgfältiger Zubereitung heiß in sterile Gläser abgefüllt problemlos einfrieren und sind mehrere Monate haltbar.

Schäufele mit Biersoße und Rahmwirsing

Der rustikale Klassiker mit Knusperkruste und zartem Fleisch ist ein Herzstück fränkischer Kulinarik und macht – serviert mit Kloß und Sauerkraut, Salat oder, wie hier, mit Wirsing – so manchen Genießer glücklich …

Für 4 Personen

Schäufele

- 4 Schweineschäufele aus der Schulter, mit Knochen, je ca. 750 g, küchenfertig
- Salz
- geschroteter bunter Pfeffer
- Paprikapulver
- Kümmel
- 4 große weiße Zwiebeln
- ½ Stange Lauch
- 1 mittelgroße Karotte
- 150 g Knollensellerie
- 1 bis 2 Knoblauchzehen
- 2 Lorbeerblätter
- 2 EL Pflanzenöl zum Anbraten
- 1 TL Puderzucker
- 1 TL Tomatenmark
- 500 ml Rinder- oder dunkle Geflügelbrühe (Rezepte Seite 65 und 66)
- 500 ml Bier

Die Schäufele am Vortag mit Salz, Pfeffer und nach Geschmack mit Paprikapulver und Kümmel würzen. Darauf achten, dass die Gewürze nicht auf die Schwarte, sondern nur auf das Fleisch gegeben werden. Die Schwarte kreuzweise einritzen.

Am nächsten Tag den Ofen auf 200 °C Ober-/Unterhitze (Umluft 180 °C) vorheizen. Die Schäufele erneut salzen.

Die Zwiebeln schälen und in Achtel schneiden. Das restliche Gemüse waschen und grob würfeln.

Das Öl in einen Bräter geben, das Gemüse bei mittlerer bis starker Hitze bräunen lassen, dabei gelegentlich umrühren. Mit Puderzucker bestäuben, Tomatenmark hinzufügen und kurz mit anrösten. Mit ein wenig Brühe ablöschen und kurz köcheln lassen.

Die Schäufele auf dem Gemüsebett platzieren, mit der restlichen Brühe und dem Bier aufgießen, Lorbeerblätter zugeben und insgesamt für zirka 2,5 Stunden auf der unteren Schiene im Backofen garen. Das Fleisch (nicht die Schwarte) sollte mit Flüssigkeit bedeckt sein.

Für die Soße:
25 g kalte Butter
Salz
Pfeffer
Kümmel
1–2 TL Speisestärke

Für die Soße den Bratensud durch ein Sieb in einen Topf abgießen. Nach kurzem Abkühlen setzt sich das Bratenfett ab, dieses abschöpfen. Die übrige Soße wieder erhitzen, die kalte Butter einrühren und mit Salz, Pfeffer und Kümmel abschmecken. Nach Belieben mit der in etwas kaltem Wasser angerührten Speisestärke abbinden, bis die gewünschte Konsistenz erreicht ist.

Die Schäufele sind fertig, wenn sich das Fleisch leicht vom Knochen löst und die Schwarte knusprig und goldbraun ist. Die Kruste ist die Königsdisziplin! Daher während des Garens immer wieder nachsehen, ob sie sich verändert hat und eventuell die Temperatur nach unten korrigieren. Nur die Ruhe bewahren, das Schäufele hat genügend Zeit, um kross zu werden.

Tipp: **Serviert wird das Schäufele – und nahezu sämtliche fränkische Bratengerichte – mit Klößen oder »Kniedla«. Ohne Klöße kein Sonntag! Klassischerweise gereicht werden rohe Kartoffelklöße, auch »grüne Klöße« genannt.**

Ihre Beliebtheit zeigt sich nicht zuletzt darin, dass der »Kloß mit Soß« auf fränkischen Speisekarten durchaus den Rang eines eigenständigen Gerichts beansprucht und – nicht nur von Kindern – gerne bestellt wird. Übrig gebliebene Klöße genießt man montags eingeschnitten und deftig mit Speck und Eiern geröstet. Von der Liebe der Franken zu den Klößen zeugt auch die Vielfalt der Rezepturen: Neben dem rohen Kartoffelkloß bereichern halbseidene, baumwollene oder Bauernklöße vor allem Wild und Sauerbraten, Serviettenklöße serviert man ebenfalls gerne zu Wild.

Rahmwirsing

- 1 kleiner Kopf Wirsing
- 2 mittlere weiße Zwiebeln
- 30 g Butter
- 100 g Speck
- 25 ml Weißwein
- 100–200 ml Gemüsebrühe (Rezept Seite 67)
- 200 ml Sahne
- Muskat
- Abrieb von ½ Bio-Zitrone
- Salz

Während der Garzeit der Schäufele lässt sich gut der Rahmwirsing zubereiten. Dafür die äußeren harten Blätter des Wirsingkopfs entfernen, die weiteren einzeln abnehmen, Strunk und Blattrippen entfernen, die Blätter waschen.

Den Wirsing in gut gesalzenem Wasser für einige Minuten blanchieren, in eiskaltem Wasser abschrecken und gut abtropfen lassen. Den Wirsing fein schneiden. Zwiebeln halbieren und schälen, fein würfeln.

In einem Topf die Butter zerlassen und den Speck und die Zwiebel darin anschwitzen. Den Wirsing zugeben und für einige Minuten mit andünsten, dabei gelegentlich umrühren. Mit Weißwein ablöschen, Gemüsebrühe und Sahne angießen. Mit Muskat, Zitronenabrieb und Salz abschmecken.

Schweinebraten mit Erikas Petersilien-Kartoffelklößen

Ein saftiges Stück Schweinebraten mit Klößen, serviert in üppiger Soße, darf am Sonntag nicht fehlen – es gehört in Franken für viele Genießer so unbedingt dazu wie das Amen in der Kirche.

Für 4 bis 6 Personen

Schweinebraten

- 3 kg Schweinenacken
- Salz
- geschroteter bunter Pfeffer
- Paprikapulver nach Belieben
- 1–2 TL Kümmel nach Belieben
- 4 große weiße Zwiebeln
- 1 kleine Stange Lauch
- 2 mittelgroße Karotten
- 200 g Knollensellerie
- 2 Knoblauchzehen
- 2 Lorbeerblätter
- 5 EL Pflanzenöl zum Anbraten
- 1 TL Puderzucker
- 1 TL Tomatenmark
- 200 ml trockener Weißwein
- 500 ml Geflügel- oder Rinderfond

Am Vortag das Fleisch gut salzen und mit den Gewürzen einreiben.

Am nächsten Tag den Ofen auf 180 °C Ober-/Unterhitze (Umluft 160 °C) vorheizen. Das Fleisch rechtzeitig aus dem Kühlschrank nehmen, Zimmertemperatur annehmen lassen und erneut salzen.

Zwiebeln schälen, in Achtel schneiden. Das restliche Gemüse waschen, schälen und grob würfeln.

Das Öl in einen Bräter geben, das Gemüse bei mittlerer bis starker Hitze bräunen lassen, dabei gelegentlich umrühren. Mit Puderzucker bestäuben, Tomatenmark hinzufügen und kurz mit anrösten. Mit Weißwein aufgießen und kurz köcheln lassen.

Den Braten auf dem Gemüsebett platzieren, mit der Brühe aufgießen, Lorbeer hinzufügen und insgesamt für etwa 2,5 bis 3 Stunden auf der unteren Schiene im Backofen garen.

Für die Soße:
25 g kalte Butter
1–2 TL Speisestärke

Für die Soße den Bratensud durch ein Sieb in einen Topf abgießen. Nach kurzem Abkühlen setzt sich das Bratenfett ab, dieses abschöpfen. Die übrige Soße wieder erhitzen, die kalte Butter einrühren und mit Salz und Gewürzen abschmecken. Nach Belieben mit der in etwas kaltem Wasser angerührten Speisestärke abbinden, bis die gewünschte Konsistenz erreicht ist.

Tipp: **Vielerorts wird der Schweinebraten auch als Krustenbraten serviert. Dafür das Bratstück – aus der Schulter oder dem Schweinenacken – mit Schwarte vom Metzger des Vertrauens beziehen und wie beim Schäufele einritzen.**

Klöße

1 kg Kartoffeln
50 g Brötchen
50 g Butter
2 mittelgroße Zwiebeln
1 Bund Petersilie
1 Zweig Majoran
2 Eier
100 g Mehl
100 g Hartweizengrieß
2 TL Salz

Die Kartoffeln in ausreichend Salzwasser weich kochen. Kurz ausdampfen lassen, schälen und durch eine Kartoffelpresse auf ein Blech drücken. Mit einem Tuch abdecken und für einige Stunden oder über Nacht an einem kühlen Ort ruhen lassen.

Während der Braten im Ofen ist, ist genug Zeit für die Klöße. Dazu Brötchen in kleine Würfel schneiden und in einer Pfanne mit 1 bis 2 EL Butter hellbraun rösten. Die Zwiebeln schälen und in sehr feine Würfel schneiden. In einer Pfanne 2 EL Butter schmelzen und die Zwiebelwürfel darin bei milder Hitze glasig und weich dünsten.

Die Petersilie waschen und trocknen, von den groben Stielen befreien und sehr fein hacken. Den Majoran waschen, die Blättchen abzupfen und ebenfalls fein hacken.

Alle Zutaten zusammen mit den durchgepressten und abgekühlten Kartoffeln und 2 TL Salz in einer großen Schüssel locker mischen und mit bemehlten Händen rasch zu 12 Klößen formen.

In einem großen Topf ausreichend Salzwasser zum Kochen bringen, die Klöße vorsichtig hinzugeben. Bis zum erneuten Aufkochen des Wassers mit geschlossenem Deckel, dann ohne Deckel und knapp unter dem Siedepunkt für 8 Minuten ziehen lassen.

Rinderschmorbraten mit im Ofen geröstetem Rosenkohl

Ähnlich wie der Sauerbraten ist auch das in Bayern als Böfflamot, ursprünglich »Boeuf à la mode«, bekannte Schmorgericht mit saftigem Fleisch und seiner üppigen und aromastarken Wein- und Gewürzsoße ein Beispiel für kulinarische Sternstunden der Hausmannskost.

Für 4 bis 6 Personen

Schmorbraten

Für die Beize:

- 1,5 kg flache Rinder- oder Ochsenschulter
- 2 l Rotwein
- 200 ml Portwein

Für die Soße:

- 3 große Zwiebeln
- 1 Bund Suppengemüse
- 1 Knoblauchzehe
- Öl zum Anbraten
- 2 EL Puderzucker
- 2 EL Tomatenmark
- 6 cl Weinbrand
- 1 l trockener Rotwein
- 25 ml Rotweinessig

Das Fleisch für 5 bis 6 Tage im Voraus in Rotwein einlegen und sorgfältig abgedeckt kühl stellen. Das Fleisch sollte ganz mit Flüssigkeit bedeckt sein.

Am Tag der Zubereitung das Fleisch rechtzeitig aus der Kühlung nehmen, gut abtropfen lassen, den Rotwein abgießen und beiseitestellen.

Den Backofen auf 175 °C Ober-/Unterhitze (Umluft 155 °C) vorheizen. Zwiebeln und Suppengemüse schälen und grob würfeln.

Etwas Öl in den Bräter geben, das Fleisch bei mittlerer Hitze rundum anbraten, nochmals aus dem Bräter nehmen und beiseitestellen. Das Gemüse in den Bräter geben, ggf. noch etwas Öl zugeben und anrösten. Mit Puderzucker bestäuben, kurz karamellisieren lassen. Tomatenmark unterrühren, anrösten und mit Weinbrand ablöschen. Nach und nach Rotwein und Rotweinessig zugeben, etwas einkochen lassen.

- 1 l Rinderbrühe
  (Rezept Seite 65)
- 2 Lorbeerblätter
- 1 TL Pimentkörner
- ½ TL Nelken
- ½ TL Wacholderbeeren
- 1 TL Pfefferkörner
- 2 Scheiben Bio-Orange
- 2 EL Speisestärke
- Salz
- Pfeffer
- 40 g kalte Butter

Die Brühe aufgießen, das Fleisch in den Bräter legen und zugedeckt für etwa 2,5 bis 3 Stunden auf der unteren Schiene im Backofen schmoren. Das Fleisch gelegentlich wenden. Nach etwa 2 bis 2,5 Stunden der Garzeit mit einer Gabel überprüfen, ob das Fleisch bereits weich ist und ggf. die verbleibende Garzeit anpassen.

Den Fleischsud in einen großen Topf abgießen, dann bei mittlerer Hitze um etwa ein Drittel einkochen lassen. Die Knoblauchzehe schälen und halbieren. Lorbeerblätter, Piment, Nelken, Knoblauch, Wacholder, Pfefferkörner und 2 Orangenscheiben hinzugeben, 15 Minuten ziehen lassen, dann wieder entnehmen. Die kalte Butter einrühren. Nach Belieben Speisestärke mit etwas kaltem Wasser anrühren, nach und nach in die Soße einrühren, bis sie die gewünschte Konsistenz erreicht hat. Mit Salz, Pfeffer, Butter und eventuell etwas Zucker abschmecken.

Rosenkohl

750 g Rosenkohl
200 ml Olivenöl
1 Knoblauchzehe
Salz
schwarzer Pfeffer aus der Mühle

Den Ofen auf 180 °C Ober-/Unterhitze (Umluft 160 °C) vorheizen.

Rosenkohl waschen, putzen und ggf. von braunen Blättchen befreien. Den Strunk kreuzweise einschneiden, größere Kohlröschen halbieren. In eine Schüssel geben, gut mit dem Olivenöl und der fein gehackten Knoblauchzehe mischen, salzen und pfeffern. Auf ein mit Backpapier ausgelegtes Blech geben und im vorgeheizten Backofen für etwa 20 Minuten rösten.

Tipp: **Für die Zubereitung aller Schmorbraten ist das Rösten und kräftige Bräunen des Gemüses als Bratansatz unbedingt nötig. Dies bringt nicht nur den Ansatz für die schöne dunkle Farbe der Soße, durch die sogenannte Maillard-Reaktion können sich erst die gewünschten Röstaromen entfalten, die gebratenem Fleisch oder Soßen vollmundigen Geschmack verleihen.**

Gefüllter Frühlingsbraten mit Strudeln

Zarter Bärlauch bringt Würze und einen Hauch von Frühling, frisch gezogene, deftige Strudel (vielen vielleicht eher als süße Mehlspeise bekannt) steuern ein wenig Finesse bei und verwandeln das klassische Gericht in einen Hingucker auf der Sonntagstafel.

Für 4 bis 6 Personen

Frühlingsbraten

3 kg Schweinenacken, küchenfertig zum Füllen

Salz

schwarzer Pfeffer aus der Mühle

Für die Soße:

2 große weiße Zwiebeln

1 Karotte

⅓ Stange Lauch

⅓ Knollensellerie

2 EL Olivenöl

1 TL Puderzucker

1 EL Tomatenmark

200 ml Weißwein

1,5 l Rinder- oder dunkle Geflügelbrühe (Rezepte Seite 65 und 66)

25 g kalte Butter

2 EL Speisestärke (optional)

Am Vortag das Fleisch gut salzen und mit den Gewürzen einreiben.

Am nächsten Tag den Ofen auf 180 °C Ober-/Unterhitze (Umluft 160 °C) vorheizen. Das Fleisch rechtzeitig aus dem Kühlschrank nehmen, Zimmertemperatur annehmen lassen und erneut salzen.

Die Zwiebeln schälen, in Achtel schneiden. Das restliche Gemüse waschen und grob würfeln.

Das Öl in einen Bräter geben, das Gemüse bei mittlerer bis starker Hitze bräunen lassen, dabei gelegentlich umrühren. Mit Puderzucker bestäuben, Tomatenmark hinzufügen und kurz mit anrösten. Mit Weißwein aufgießen und kurz köcheln lassen.

Für die Füllung:

2 rote Zwiebeln
1 Knoblauchzehe
150 g Champignons
1 mittelgroße Karotte
100 g Lauch
3 EL Olivenöl
1 kleiner Zweig Rosmarin
250 g Knödelbrot (oder altbackene geschnittene Semmeln)
150 ml Milch
4 Eier
3 EL mittelscharfer Senf
1 Bund Bärlauch
Salz
schwarzer Pfeffer aus der Mühle
frisch geriebene Muskatnuss
Abrieb von 1 Bio-Zitrone
150 g geriebener Emmentaler
8 dünne Scheiben geräucherter Speck oder Schinken
Bratenschnur

In der Zwischenzeit die Füllung vorbereiten: Das Gemüse schälen, waschen, fein schneiden. Das Olivenöl in einer Pfanne erhitzen, Zwiebel, Gemüse und Knoblauch andünsten und den Rosmarinzweig zugeben. Rosmarin entfernen, das Gemüse zusammen mit den Semmelwürfeln in eine Schüssel geben. Die Pfanne gleich weiter benutzen: Die Milch aufkochen und kurz abkühlen lassen, mit den aufgeschlagenen Eiern und dem fein gehackten Bärlauch verquirlen. Mit etwas Salz, Pfeffer, Muskat und Zitronenabrieb würzen. Alles mit dem geriebenen Käse in die Schüssel zu den Semmelwürfeln geben, vermengen und abgedeckt beiseitestellen.

Den Schweinenacken innen mit Senf bestreichen. Erneut mit etwas Salz und Pfeffer aus der Mühle würzen, mit Speck auslegen. Die Füllung gleichmäßig verteilen, den Braten einrollen und an mehreren Stellen mit der Schnur fixieren. Die Rolle in den Bräter mit dem Gemüse legen, mit Brühe aufgießen und auf der unteren Schiene in den Backofen stellen. Nach etwa 2 Stunden den Bratensaft durch ein Sieb in einen Topf gießen, beiseitestellen.

Den Braten auf dem Gemüsebett platzieren, mit 1,5 Liter Fleisch- oder Geflügelbrühe aufgießen und insgesamt für etwa 2,5 bis 3 Stunden auf der unteren Schiene im Backofen garen.

Für die Soße den Bratensud durch ein Sieb in einen Topf abgießen. Nach kurzem Abkühlen setzt sich das Bratenfett ab, dieses abschöpfen. Die übrige Soße wieder erhitzen, die kalte Butter einrühren und mit Salz und Gewürzen abschmecken. Nach Belieben mit der in etwas kaltem Wasser angerührten Speisestärke abbinden, bis die gewünschte Konsistenz erreicht ist.

Strudel

500 g Mehl
2 Prisen Salz
150 ml lauwarmes Wasser
5 EL Rapsöl
Semmelbrösel
Raps- oder Bratöl für den Bräter

Während der Braten im Ofen ist, die Strudel vorbereiten. Dafür Mehl und Salz in eine große Schüssel sieben. Das Wasser mit 2 EL Öl mischen, nach und nach zum Mehl geben und gut untermischen. Den Teig für mindestens 10, besser 15 Minuten gut kneten und schlagen, bis er völlig glatt, elastisch und glänzend ist. Die Teigkugel auf einen bemehlten Teller legen, mit Öl bestreichen, mit Frischhaltefolie überziehen und bei Zimmertemperatur etwa 20 Minuten ruhen lassen.

Anschließend den Teig in 6 Stücke teilen. Jeweils auf der mit Mehl bestäubten Arbeitsfläche so dünn wie möglich ausrollen und vorsichtig mit Öl bestreichen. Mit der Hand unter die Teigplatte gleiten und den Teig über den Handrücken von innen nach außen so dünn wie möglich ausziehen. Mit Semmelbröseln bestreuen und locker aufrollen bzw. zu einer Rolle einschlagen. In einen großen beschichteten Bräter etwas Öl geben und die Strudel hineinlegen. Etwas Wasser zugießen, sodass der Boden des Bräters etwa 2 cm hoch bedeckt ist. Den Bräter fest mit dem Deckel verschließen und etwa 30 Minuten bei mäßiger Hitze garen.

Die Strudel sind fertig, wenn sie weich gegart sind und unten knusprig-braune Krüstchen bekommen haben – dies verrät der herrliche Duft …

Tipp: **Zur Probe, ob ein Strudel- oder Nudelteig die gewünschte Elastizität hat, einfach mit dem Finger eine Mulde in den Teig drücken. Wenn sich die Vertiefung wieder zurückbildet, hat sich das Gluten gut ausgebildet und der Teig ist bereit zur Weiterverarbeitung.**

Rindsrouladen mit Blaukraut

Ein echter Hochgenuss sind diese saftig geschmorten Rindsrouladen. Klassisch gibt es sie mit einer Füllung aus Zwiebeln, Essiggurken und Speck, doch etwas mehr Gemüse verleiht dem Schmorgericht harmonische Würze und erfreut das Auge. Ein bisschen Zeit und Muße braucht es für das Traditionsgericht, aber sich diese zu gönnen lohnt sich ganz bestimmt.

Für 4 Personen

Rouladen

- 4 Scheiben Rindsrouladen, küchenfertig, je etwa 220 g
- ½ kleine weiße Zwiebel
- ½ kleine rote Zwiebel
- 1 Knoblauchzehe
- ½ Karotte
- 50 g Staudensellerie
- 50 g Knollensellerie
- 3 Champignons
- 50 g Essiggurken
- 1 EL getrocknete, fein gehackte Steinpilze
- 4 EL gehackte Petersilie
- 8 dünne Scheiben Bauchspeck, je etwa 50 g
- 3–4 EL scharfer Senf

Für die Füllung der Rouladen Zwiebeln, Knoblauch, Karotte und Sellerie schälen und fein würfeln. Champignons waschen und ebenso wie die Essiggurken klein würfeln. Getrocknete Steinpilze und Petersilie dazugeben und alles gut mischen.

Die Rouladenscheiben zwischen einer Frischhaltefolie mit einem Fleischklopfer gleichmäßig plattieren, mit Salz und Pfeffer würzen. Jede Scheibe mit Senf bestreichen und mit Bauchspeck belegen. Die Füllung gleichmäßig auf den Scheiben verteilen, etwas Rand lassen. Die Fleischscheiben an den langen Seiten leicht einschlagen und von den kurzen Seiten her einrollen. Jede mit einem Zahnstocher fixieren.

Den Ofen auf 160 °C Ober- und Unterhitze vorheizen.

Für die Soße:

2 Zwiebeln
¼ Knolle Sellerie
2 Karotten
Pflanzenöl zum Anbraten
Puderzucker
1 EL Tomatenmark
300 ml Rotwein
1 l Rinderbrühe (Rezept Seite 65)
1 Knoblauchzehe
1 Lorbeerblatt
Rosmarin
2–3 Orangenscheiben
20 g kalte Butter
Salz
Pfeffer

Zum Garnieren:

Preiselbeeren
Petersilie

Für die Soße Zwiebeln, Sellerie und Karotten grob würfeln. Das Öl in einem Bräter erhitzen. Die Rouladen darin rundherum bei milder Hitze anbraten, wieder herausnehmen und beiseitestellen. Gemüse in den Bräter geben und einige Minuten bräunen. Mit Puderzucker bestäuben und Tomatenmark zugeben, alles anrösten. Mit der Hälfte des Rotweins ablöschen und einkochen lassen. Den übrigen Wein zugeben und wiederum reduzieren. Mit der Rinderbrühe aufgießen und die Rouladen in die Soße geben. Zugedeckt für 2 bis 2,5 Stunden im Ofen schmoren. Gegen Ende der Garzeit die geschälte Knoblauchzehe, Lorbeerblatt, Rosmarin und Orangenscheiben zugeben und noch etwas ziehen lassen.

Die zart gegarten Rouladen herausnehmen, die Zahnstocher entfernen, warm stellen. Die Soße durch ein Sieb gießen, noch etwas einkochen lassen, die kalte Butter einrühren und mit Salz und Pfeffer abschmecken.

Blaukraut

1 Kopf Blaukraut
1 TL Wacholderbeeren
3 Nelken
1 TL Pimentkörner
1 TL Pfefferkörner
1 TL geschroteter Koriander
2–3 Lorbeerblätter
500 ml Apfelsaft
500 ml Orangensaft
1 kleines Glas Apfelmus
2 EL Apfelessig
1 TL Zimt
1 TL Kardamompulver
1 TL Ingwerpulver
1 TL Salz
3 EL Zucker oder Honig

Während die Rouladen im Ofen garen, das Blaukraut zubereiten. Dafür zunächst die Wacholderbeeren andrücken und mit Nelken, Piment, Pfeffer, Koriander und Lorbeerblättern in ein Gewürzei geben.

Das Blaukraut hobeln und zusammen mit dem Gewürzei in einen ausreichend großen Topf geben. Die Säfte zugeben und alles zum Kochen bringen, die Hitze reduzieren und mit geschlossenem Deckel etwa 1 bis 1,5 Stunden sanft köcheln lassen. Zum Ende der Garzeit das Apfelmus unterrühren, mit Apfelessig und den übrigen Gewürzen abschmecken und mit Zucker oder Honig süßen. Problemlos lässt sich das Blaukraut auch bereits am Vortag zubereiten – meist sogar ein geschmacklicher Gewinn, da sich die Aromen gut miteinander verbinden können.

Zum Servieren die Rouladen in der Mitte aufschneiden, mit Preiselbeeren und Petersilie anrichten und mit Blaukraut und Kartoffelpüree oder Semmelknödeln servieren.

Tipp: **Für die Rindsrouladen ideal geeignet ist die Oberschale, ein mageres und besonders zartes Fleischstück, das sich dünn schneiden lässt und einfach zu füllen ist.**

Kunis Sauerbraten

Eine Zierde jeder Speisekarte ist der für Oberfranken typische Sauerbraten, er gehört fest zu den Traditionsgerichten und fast jede Familie hütet in ihrem kulinarischen Schatzkästlein ein eigenes Rezept. Anders als sein rheinischer Verwandter kommt der fränkische Sauerbraten nicht ganz so süß-säuerlich und ohne Rosinen daher, dafür aber durch die Beigabe von Soßenlebkuchen mit einer feinen Zimtnote.

Für 4 bis 6 Personen

Für den Sauerbraten:

1 Semerrolle oder Schaufelbug vom fränkischen Weiderind, etwa 2 kg (alternativ: Rinderschulter)
Salz
Pfeffer
Öl zum Anbraten

Für die Beize:

1 Karotte
½ Knollensellerie
½ Stange Lauch
4 große weiße Zwiebeln
2 Lorbeerblätter
1 TL Nelken
1 EL zerdrückte Wacholderbeeren
1 EL Senfkörner
1 EL Pfefferkörner
1 TL Pimentkörner
500 ml Rotweinessig
2 l Rotwein

5 bis 6 Tage im Voraus die Beize für den Sauerbraten herstellen. Dafür das Gemüse gründlich waschen, schälen und in grobe Stücke schneiden. In einen Bräter geben, das Fleisch darauf betten, mit Lorbeerblättern, Nelken, Wacholderbeeren, Senfkörnern, Pfefferkörnern und Piment bestreuen und mit Essig und Wein aufgießen. Das Fleisch sollte bedeckt sein. Sorgfältig verschließen und kühl stellen.

Am Zubereitungstag das Fleisch aus der Beize nehmen, etwas trocken tupfen, gut mit Salz und Pfeffer würzen. In einem Bräter mit etwas Öl rundherum kräftig anbraten und wieder entnehmen.

In der Zwischenzeit die Beize durch ein Sieb abgießen, das Gemüse abtropfen lassen. Die Flüssigkeit beiseitestellen.

Für die Soße:

- Puderzucker
- 1 EL Tomatenmark
- 6 cl Weinbrand
- 100 ml trockener Rotwein
- 500 ml Rinderbrühe (Rezept Seite 65)
- 50 g kalte Butter
- 100 ml Sahne
- Salz
- Pfeffer
- 1 Soßenlebkuchen
- Speisestärke

Das Gemüse rundum anbraten, mit etwas Puderzucker bestäuben, Tomatenmark zufügen, leicht bräunen lassen. Nun mit Weinbrand und Rotwein ablöschen, die Rinderbrühe und einen Teil der Beize aufgießen, bis das Fleisch bedeckt ist.

Im Backofen bei etwa 160 °C Ober- und Unterhitze für etwa 3 Stunden schmoren lassen. Bei Ende der Garzeit das Fleisch entnehmen, die Soße durch ein Sieb abgießen, kalte Butter und Sahne zugeben. Mit Salz, Pfeffer und eventuell etwas Zucker abschmecken.

Die Soße mit fein geriebenem Soßenlebkuchen zur gewünschten Konsistenz abbinden. Wer keine (Soßen-)Lebkuchen zur Hand hat, kann die Soße auch mit etwas in kaltem Wasser aufgelöster Speisestärke abbinden und die gewünschte Geschmacksnote mit der Zugabe von Zimt, 2 EL Rosinen und ggf. etwas braunem Zucker erzeugen.

Zum Sauerbraten serviert man klassischerweise rohe Kartoffelklöße, Blaukraut und Preiselbeeren.

Tipp: **Beim Beizen oder fränkisch »Einsuren« ruht das Fleischstück mehrere Tage in einem mit Gewürzen versehenen Sud und erhält dadurch nicht nur seine angenehme Säure, sondern wird auch mürbe und zart.**

Nuss-Getreide-Braten mit Semmelknödeln

Voller intensiver Aromen, mit feinen Zutaten, üppig und überraschend – der Braten ist eine Bereicherung für jede Festtafel und schickt sich in Begleitung von Semmelknödeln und Blaukraut an, ein veganer Klassiker zu werden. Unbedingt ausprobieren!

Für 4 Personen

Veganer Braten

1 Zwiebel
1 kleine Wurzelpetersilie
1 Karotte
100 g Knollensellerie
½ Stange Lauch
200 g Grünkernschrot
50 g Quinoa
750 ml Gemüsebrühe (Rezept Seite 67)
100 g Cashewkerne
100 g Champignons
15 g getrocknete, sehr fein gehackte Steinpilze
Pflanzenöl zum Anbraten
2 Knoblauchzehen
3 TL Tomatenmark
Sojasoße zum Ablöschen

Die Zwiebel fein würfeln. Wurzelpetersilie, Karotte und Knollensellerie waschen, schälen und mit der Gemüsereibe grob raspeln. Den Lauch in Ringe schneiden. Alles in Bratöl in einem großen Topf anschwitzen. Grünkernschrot und Quinoa dazu geben, etwas mitrösten und mit der Gemüsebrühe ablöschen. 15 bis 20 Minuten sanft köcheln lassen, bis nahezu alle Flüssigkeit absorbiert ist. Vom Herd nehmen und etwa 10 Minuten ausdampfen lassen.

In der Zwischenzeit die Cashewkerne hacken und in einer trockenen Pfanne goldbraun rösten. Die Champignons waschen und schneiden, Knoblauch fein schneiden. Die Champignons in einer beschichteten Pfanne mit etwas Öl scharf anbraten, den Knoblauch zugeben. Das Tomatenmark unterrühren und kurz etwas mitrösten, mit etwas Sojasoße ablöschen.

Alle so vorbereiteten Zutaten zu der Getreide-Gemüse-Masse geben.

100 g Buchweizenmehl
35 g Sojamehl
25 g Misopaste
15 g Leinsamenschrot
½ TL Smoked Paprika
½ TL Koriander, gemörsert
½ TL Kreuzkümmel, gemahlen
12 g Salz

Zum Bepinseln:
25 ml Sojasoße
2 EL Ahornsirup
1 Msp. Smoked Paprika

Beide Mehlsorten, Miso, Steinpilze, Leinsamenschrot und Gewürze unterrühren und gut vermengen.

Eine Kastenform mit Backpapier auskleiden, dann die Masse einfüllen. Aus Sojasoße, Ahornsirup und Smoked Paprika eine Soße anrühren, damit den Braten bepinseln und dies während der Backzeit alle 10 bis 15 Minuten wiederholen. In dem auf 180 °C Ober-/Unterhitze (Umluft 160 °C) vorgeheizten Backofen für 50 bis 60 Minuten auf mittlerer Schiene backen. Danach aus dem Ofen nehmen und noch eine Weile ruhen lassen.

Die Masse für den Nussbraten muss fest, schwer zu rühren und klebrig sein. Wer eine noch festere Textur wünscht, kann 20 g Flohsamenschalen zugeben.

Vegane Semmelknödel

150 g Zwiebeln
15 g Petersilie
80 g vegane Butter
500 g Knödelbrot
20 g Sojamehl
frisch geriebene Muskatnuss
⅓ TL Ingwer
½ TL Kurkuma
10 g Kala-Namak-Salz
700 ml Sojamilch

Die Zwiebeln fein hacken und in der Butter glasig dünsten, Petersilie waschen und ebenfalls fein hacken, alles in eine große Schüssel geben. Brotwürfel, Mehl und die übrigen Gewürze dazugeben, die Sojamilch anwärmen und darübergießen. Alles gut durchkneten und etwa 20 Minuten abgedeckt ruhen lassen.

In einem großen Topf ausreichend Wasser zum Kochen bringen und salzen. Mit feuchten Händen einen Probeknödel abdrehen und ins siedende (nicht kochende!) Wasser geben. Sollte die Masse zu weich sein oder der Knödel auseinanderfallen, nochmals etwas Sojamehl einarbeiten. Die Knödel, je nach Größe, etwa 10 bis 15 Minuten ziehen lassen.

Zu Nuss-Getreide-Braten und Klößen schmecken wunderbar eine sämige Soße mit Pilzen und ein knackiger Blattsalat.

Tipp: **Aufgrund seines außergewöhnlichen Aromas – Salz, das an den Geschmack von Eiern erinnert – ist Kala Namak nicht zuletzt in der veganen Küche und für die Zubereitung von herzhaften wie süßen Gerichten sehr beliebt. Ausschlaggebend für seinen Geschmack ist die Zusammensetzung mit Schwefelwasserstoff, die die leichte Schwefelwürze erzeugt. Alternativen für das Salz zu finden ist daher nicht einfach. Würze kann durch eine Mischung von Salz und Hefeflocken erzeugt werden, aber das typische Ei-Aroma lässt sich nicht ersetzen.**

Hirschgulasch mit Dampfnudeln

Vielen sind Dampfnudeln – oder österreichisch: Germknödel – besser als Süßspeise bekannt, serviert mit Zwetschgen- oder Kirschkompott und reichlich Vanillesoße. Doch auch als Beilage zum saftigen Wildgulasch mit Preiselbeeren sind sie ein wunderbarer Begleiter.

Für 4 Personen

Hirschgulasch

1 kg Hirschgulasch
3 weiße Zwiebeln
¼ Knollensellerie
1–2 Karotten
20 g getrocknete Steinpilze
Öl zum Anbraten
100 ml Weinbrand
500 ml Rotwein
1 TL Puderzucker
1 EL Tomatenmark
800 ml Rinderbrühe (Rezept Seite 65)

Zwiebeln schälen und in feine Ringe schneiden, Gemüse waschen, schälen und würfeln. Steinpilze in etwas heißem Wasser einweichen.

Das Fleisch von groben Sehnen befreien und in 3 cm große Würfel schneiden. Die Fleischstücke in einem tiefen Bräter in etwas Öl rundum anbraten, wieder herausnehmen und beiseitestellen. Den Bratansatz mit Weinbrand und etwas Wein ablöschen, abschütten und für die Soße aufbewahren. Im selben Bräter das Gemüse und die Pilze bei mittlerer Hitze mit etwas Öl anbraten, mit Puderzucker bestäuben und hell karamellisieren. Tomatenmark zugeben, kurz mitrösten lassen, mit dem restlichen Rotwein und Fond aufgießen.

1 TL Piment
1 TL Pfefferkörner
1 TL Korianderkörner
1 Knoblauchzehe
2 Lorbeerblätter
1 TL Wacholderbeeren
1 Scheibe Bio-Orange
50 g kalte Butter
Salz
Pfeffer

Zum Servieren:
1 Birne
Preiselbeeren aus dem Glas

Den Bratansatz und das Fleisch zugeben, bei fast geschlossenem Deckel etwa 1,5 bis 2 Stunden weich schmoren, nicht kochen lassen. Etwa 30 Minuten vor Ende der Garzeit Piment, Pfeffer, Koriander, Wacholder in ein Gewürzei geben, mit Knoblauch, Lorbeerblättern und einer Orangenscheibe im Gulasch ziehen lassen. Am Ende der Garzeit wieder entfernen, die kalte Butter einrühren, mit Salz und Pfeffer abschmecken.

Die Birne waschen, schälen, vom Gehäuse befreien und in Scheiben schneiden. Mit Dampfnudeln, Birnenscheiben und Preiselbeeren anrichten.

Dampfnudeln

- 500 g Mehl
- 20 g Hefe
- 1 Prise Zucker
- ¼ l lauwarme Milch
- 1 TL Salz
- 3 EL Pflanzenöl für die Bratform

Das Mehl in eine Schüssel sieben, in die Mitte eine Mulde drücken, die Hefe hineinbröckeln, eine Prise Zucker darüberstreuen und mit 2 EL Milch anrühren. Etwas Mehl über den Vorteig stäuben. Zugedeckt einem warmen Ort für 15 Minuten gehen lassen.

Die übrige Milch und das Salz zugeben und alles so lange gut durchkneten, bis ein feiner, glatter Teig entstanden ist, der sich gut vom Rand der Schüssel ablösen lässt. Die Teigkugel abdecken und an einem warmen Ort für 1 Stunde gehen lassen, bis sie gut aufgegangen ist.

Den Teig in gleichmäßige, tassengroße Kugeln teilen und rund schleifen. Das Bratfett in einen beschichteten Bräter geben und bei mäßiger Hitze erwärmen, die Nudeln hineinsetzen. Mit Wasser etwa 2 cm hoch aufgießen und sofort mit einem Deckel verschließen. Bei schwacher Hitze für etwa 20 bis 30 Minuten sanft köcheln lassen.

Wichtig: Während der Garzeit darf der Deckel nicht abgehoben werden! Die Dampfnudeln sind fertig, wenn alles Wasser eingesogen bzw. verdunstet ist und ein feiner Geruch nach knusprigem Teig anzeigt, dass sich unten an den Dampfnudeln braune Krüstchen gebildet haben. Noch einige Minuten bis zum Servieren mit geschlossenem Deckel stehen lassen.

Tipp: **Zum Garen der Dampfnudeln empfiehlt sich ein hochwertiger beschichteter Bräter mit dickem Boden und guter Wärmeleitung, da die Kruste der Dampfnudeln leicht am Boden kleben bleibt – da sie aber ganz köstlichen Geschmack beisteuert, sollte man weder am Fett noch am Kochgeschirr sparen.**

Wasser
ist
Leben

Osterbrunnen und Kräuterglück

Jedes Jahr zu Ostern erwacht ein ganz besonderes altes Brauchtum zum Leben: die Tradition des Osterbrunnenschmückens, die ihren Ursprung in der Fränkischen Schweiz hat und einmalig im süddeutschen Raum ist. In über 200 Orten werden in der Karwoche Brunnen und Quellen mit bemalten Eiern, Girlanden und Blumen geschmückt. Auch in Dorfhaus und Weißenohe treffen sich die »Eierfrauen« in den Wochen vor dem Fest, um alle Vorbereitungen zu treffen und in Handarbeit den Schmuck herzustellen. Vor den Ostertagen wird die Wasserstelle gereinigt und von den Spuren des Winters befreit – das sogenannte »Brunnenfegen«. Ist alles vorbereitet, wird mit großer Sorgfalt der Schmuck angebracht und der Brunnen herausgeputzt: mit aus Buchsgrün oder Fichtenzweigen gewundenen Kränzen, Girlanden und Kronen, mit ausgeblasenen Eiern, die mal in bunte Farben getaucht, mal aufwendig künstlerisch bemalt oder verziert sind, mit bunten Bändern oder Blumenblüten.

Wann der Brauch des Osterbrunnenschmückens begründet wurde, lässt sich nicht genau datieren, die Überlieferungen und Erzählungen reichen bis zum Beginn des 20. Jahrhunderts zurück. Sein thematischer Ursprung jedoch liegt in der Verehrung des Wassers als lebensspendendem Element. Durch die besondere Geologie des Fränkischen Juras war die tägliche Versorgung mit frischem Wasser nicht immer selbstverständlich, die Hochebene der Fränkischen Schweiz ist wasserarm – und die Bedeutung des Wassers für Landwirtschaft und Ackerbau allgegenwärtig.

Das Wiedererwachen der Natur im Frühjahr belebt auch die Küche wieder: Es ist Kräuterzeit, mit den ersten Sonnenstrahlen fangen die Triebe im Laubwald und das zarte Grün auf den Wiesen an zu sprießen. Wer sich ein paar Kenntnisse der grünen Küche aneignet und mit offenen Augen über die Wiesen streift, findet überall schmackhafte und gesunde Wildkräuter: Blüten von Gänseblümchen, Löwenzahn, Rotklee oder dem wunderbaren Gundermann, populäre Bekannte wie Bärlauch und Waldmeister, feine Blättchen von Schafgarbe und Sauerampfer, aber auch die bei vielen noch eher als Unkräuter geschmähten unverwüstlichen Brennnessel und Giersch – so herrlich schmackhaft und gesund, dass für sie gilt: Lieber essen als jäten!

Grüner Frühlings-Wiesensmoothie

Besser kann der Tag nicht beginnen, als noch im Frühtau über die Wiese vor dem Haus zu wandern und die ersten Frühlingskräuter zu ernten: Sie sind nicht nur köstlich und lassen sich zu vielen herrlichen Gerichten verarbeiten, sondern sind Vitaminbomben, die den Körper in Schwung bringen.

Für 2 bis 3 Personen

2 Handvoll Wiesen-Wildkräuter wie Brennnessel, Gundermann, Spitzwegerich, Taubnessel, Giersch, Schafgarbe, Löwenzahn

1 Apfel

200 g TK-Heidelbeeren

Saft von ½ Bio-Zitrone

500 ml Wasser

Honig

Die Kräuter waschen und die Blättchen abzupfen. Den Apfel waschen und entkernen.

Alle Zutaten außer dem Honig zusammen in einen Standmixer geben und fein pürieren, bis die gewünschte Konsistenz erreicht ist. Bei Bedarf noch etwas Wasser zugeben. Mit Honig abschmecken.

Wer seinen Smoothie als vollwertiges, sättigendes Frühstück genießen möchte, kann vor dem Servieren noch 1 EL Haferflocken oder Haferkleie zugeben.

Gründonnerstagssuppe mit Schmand und Sauerteigcroutons

Weit in vorchristliche Zeit zurück reicht die Tradition, zum Frühlingsbeginn – oder später als christliche Fastenspeise zu Gründonnerstag – eine Suppe aus den ersten, grünen Wildkräutern zu servieren. Mit ihren wertvollen Antioxidantien, ätherischen Ölen und Bitterstoffen reinigen die Kräuter den Körper nach dem langen Winter und verleihen Kraft und Vitalität – grüne Lebensenergie frisch von der Wiese!

Für 4 Portionen

3 mehlig kochende Kartoffeln

2 Zwiebeln

50 g Butter

100 ml Weißwein

1 l Gemüsebrühe (Rezept Seite 67)

1 Knoblauchzehe

1 Lorbeerblatt

2 Bund gemischte grüne Kräuter (z. B. Pimpinelle, Grundermann, Löwenzahn, Sauerampfer, Spitzwegerich, Giersch, Knoblauchsrauke, Brennnessel)

Abrieb von ½ Bio-Zitrone

Salz

schwarzer Pfeffer aus der Mühle

Die Kartoffeln und die Zwiebeln schälen und würfeln. Butter in einem großen Topf erhitzen, die Gemüsewürfel darin für einige Minuten anschwitzen, ohne dass sie Farbe annehmen. Mit dem Weißwein ablöschen, die Brühe zugeben und bei mittlerer Hitze etwa 15 Minuten köcheln lassen. Die Knoblauchzehe schälen und halbieren, mit dem Lorbeerblatt zur Brühe geben und ziehen lassen, am Ende der Garzeit wieder entfernen.

In der Zwischenzeit die Kräuter waschen und grob hacken. Die Stiele können klein gehackt bereits nach der Hälfte der Garzeit in die Suppe gegeben werden. Ganz am Ende die feinen Blätter zugeben, die Suppe kurz aufkochen, von der Kochstelle nehmen und für einige Minuten ziehen lassen. Mit dem Mixer fein pürieren; wer möchte, kann das Ganze durch ein feines Sieb passieren.

Für die Croutons:

3 Scheiben Sauerteigbrot

50 g Butter

1 Knoblauchzehe (optional)

Salz

Zum Servieren:

Schmand

einige Blüten, z. B. Gundermann, Gänseblümchen, Löwenzahn, zum Dekorieren

Für die Croutons das Brot in kleine Würfel schneiden, die Butter in einer Pfanne erhitzen, die Würfel dazu geben, salzen und langsam unter Rühren braun anschwitzen. Nach Belieben eine fein gehackte Knoblauchzehe dazu geben und ebenfalls anschwitzen.

Vor dem Servieren die Suppe nochmals erwärmen, Zitronenabrieb dazugeben und mit Salz und Pfeffer abschmecken. Mit dem Pürierstab nochmals kurz schaumig aufschlagen, mit einem Klecks Schmand und Croutons servieren und mit den Blüten dekorieren.

Tipp: **Traditionell wird die Gründonnerstagssuppe aus neun Wildkräutern hergestellt, doch es spricht nichts dagegen, nach Lust und Laune zu kombinieren – und sollten einmal nicht genügend Wildkräuter zu finden sein, ergänzt man mit herkömmlicheren Küchenkräutern wie Petersilie und Schnittlauch.**

Wildkräuter-Tarte

Diese elegante Tarte bringt den Frühling auf den Teller. Ideal als Vorspeise oder Zwischengang geeignet, ist sie eine fröhlich-leichte Anregung für den Gaumen.

Für 1 Tarte (4 bis 6 Personen)

Für den Mürbteig:

250 g Weizenmehl

160 g Butter

1 Ei

¼ TL Salz

Zum Backen:

1 Packung Hülsenfrüchte

Für die Füllung:

2 Handvoll Wildkräuter (z. B. Brennnessel, Giersch, Löwenzahn, Taubnessel, Spitzwegerich)

150 g Crème fraîche

100 g Sauerrahm

3 Eier

Salz

frisch geriebene Muskatnuss

Abrieb von ½ Bio-Zitrone

schwarzer Pfeffer aus der Mühle

100 g geriebener Bergkäse

Für den Mürbteig das Mehl in eine Schüssel sieben, in der Mitte eine Mulde formen. Butter in Flöckchen auf den Rand geben. Ei und Salz zum Mehl geben und alle Zutaten zügig zu einem glatten Teig verarbeiten. Den Teig zu einem flachen, runden Ziegel formen, in Frischhaltefolie einschlagen und für 1 Stunde kalt stellen.

Eine Tarteform (Ø 28 cm) einfetten und den Backofen auf 180 °C Ober-/Unterhitze (Umluft 160 °C) vorheizen.

Den Teig ausrollen und in die Tarteform geben, mit einem Blatt Backpapier abdecken und die Hülsenfrüchte darauf geben. Für 15 Minuten auf unterster Schiene backen, aus dem Ofen nehmen und etwas abkühlen lassen.

In der Zwischenzeit für die Füllung die Kräuter waschen und hacken. Crème fraîche und Sauerrahm mit den Eiern in eine Schüssel geben und mit dem Handrührgerät cremig aufschlagen. Zum Schluss die Kräuter unterheben und mit Salz, Muskat, Zitronenabrieb und Pfeffer würzen.

Die Masse in die Tarteform geben und mit dem Käse bestreuen. Für etwa 40 Minuten auf mittlerer Schiene backen, bis die Masse gestockt und schön gebräunt ist.

Tipp: **Durch das Beschweren des Mürbteigs mit den Hülsenfrüchten beim Vorbacken, dem sogenannten Blindbacken, bleibt der Teig eben und wirft keine Blasen. Das funktioniert ebenso bei süßen Mürbteigen, die beispielsweise mit Cremes gefüllt werden. Die Hülsenfrüchte können mehrfach verwendet werden.**

Osterkranz

Als traditionsreiches Brauchtumsgebäck und Symbol für die Dornenkrone Christi, das bereits seit dem frühen Mittelalter bekannt ist, darf der Osterkranz oder Eierring auf dem österlichen Frühstückstisch nicht fehlen. Mit Marmelade und Butter bestrichen, aber auch in Begleitung von Schinken oder Käse garantiert er festlichen Genuss für die ganze Familie.

Für 1 Kranz

Für den Kranz:

200 ml Milch
30 g Hefe
400 g Mehl
70 g Zucker
3 Eigelb
Salz
Mark von 1 Vanilleschote
etwas Abrieb von 1 Bio-Zitrone
65 g weiche, zimmerwarme Butter
3 TL Rum

Zum Bestreichen:

1 Eigelb
1 EL Milch
Hagelzucker

Wie für jeden Hefeteig ist es auch für das Gelingen des Ostergebäcks wichtig, dass alle Zutaten Raumtemperatur haben.

Für den Teig die Milch in einem Topf handwarm erhitzen, die Hefe hineinbröckeln und mit einer Prise Zucker glattrühren, kurz an einem warmen Ort stehen lassen. Mehl in eine große Schüssel sieben, dann den Vorteig mit Zucker, Eigelben, Rum, Salz, Vanille und Zitronenabrieb zugeben und gut verrühren. Die weiche Butter hinzugeben und sorgfältig in gut 15 Minuten zu einem glatten Teig kneten, bei Bedarf etwas Mehl zugeben, bis die Teigkugel elastisch und glatt ist und sich gut vom Rand ablösen lässt. Zugedeckt an einem warmen Ort (oder bei 30 °C im Backofen) ruhen und etwa 60 Minuten gehen lassen.

Wenn der Teig zu etwa doppelter Größe aufgegangen ist, diesen auf einer bemehlten Arbeitsfläche nochmals kurz durchkneten und in 2 gleich große Stücke teilen. Diese zunächst zu Kugeln schleifen und zu gleich langen Strängen formen. Beide Stränge locker übereinanderschlagen und zu einem Kranz formen. Den Kranz vorsichtig auf ein mit Backpapier ausgelegtes Backblech legen und an einem warmen Ort zugedeckt weitere 20 Minuten gehen lassen.

Das Eigelb mit der Milch verquirlen, den Kranz damit bestreichen und mit Hagelzucker bestreuen.

Den Backofen auf 175 °C Ober-/Unterhitze (Umluft 155 °C) vorheizen und den Kranz auf mittlerer Schiene in zirka 30 Minuten goldbraun backen. Gut darauf achten, dass der Teig nicht zu dunkel wird, und falls nötig mit Backpapier abdecken.

Auch heute ist es in oberfränkischen Gemeinden noch Brauch, dass Patenkinder zu Ostern von ihren Paten beschenkt werden – ganz traditionell nicht mit einem Osternest, sondern mit dem sogenannten »Patenbündel«. In ein weißes Leintuch wird der mit 12 gefärbten Eiern verzierte Osterkranz gelegt, obendrein gibt es kleine Geschenke. Klassische Patengeschenke waren früher auch Gaben für die Aussteuer, darunter Teller oder Tassen mit Goldrand und persönlicher Widmung – auch in unserem Wirtshaus stehen heute zur Zierde solche Andenken aus alten Zeiten, die von der persönlichen Bindung zwischen Patenkind und Pateneltern zeugen.

Waldmeister-Sirup

Duftender Aroma-Klassiker und Frühlingsbote: Im Schatten der Laubbäume findet sich als eines der ersten Kräuter das zarte Grün des Waldmeisters, der ab Mai mit zierlichen Blüten geschmückt ist. Sein unverkennbarer Duft und das unverwechselbare Aussehen machen es auch Einsteigern leicht, das Wildkraut zu finden. Beliebt ist das Wildkraut vor allem für die Maibowle, aber auch Limonaden, Kompott oder Parfaits lassen sich aromatisieren.

Für ca. 7 Flaschen à 200 ml

2 Handvoll Waldmeister
1 l Wasser
500 g Zucker
1 Bio-Zitrone
1–2 TL Zitronensäure (Pulver aus der Apotheke)

Den Waldmeister von Erde säubern und eventuell vorsichtig mit Wasser abspülen. Trocken tupfen und über Nacht welken lassen – frischer Waldmeister ist geruchlos, erst durch das Antrocknen bildet sich nach der Ernte ein intensiveres Waldmeisteraroma.

Wasser in einem Topf zum Kochen bringen. Den Zucker hinzugeben und unter Rühren auflösen lassen. Die Zitrone in Scheiben schneiden und mit dem Waldmeister hinzufügen. Darauf achten, dass die Stiele nicht mit im Wasser liegen. Dafür die Büschel an einem Kochlöffel befestigen und diesen über den Topf legen, sodass nur die Blätter im Wasser ziehen können.

Den Topf abdecken und an einem kühlen Ort 2 bis 3 Tage ziehen lassen. Wenn das Aroma intensiv genug ist, den Sirup durch ein feines Sieb abseihen und nochmals aufkochen, nach Geschmack Zitronensäure zusetzen.

Noch heiß in saubere, ausgekochte Flaschen abfüllen und kühl lagern. Der Sirup hält sich bei sorgfältiger Verarbeitung mindestens 6 Monate.

Tipp: **Waldmeister muss vor der Blüte geerntet werden, da sonst der Cumaringehalt zu hoch sein kann – ein Stoff, der zwar für den charakteristischen Geschmack verantwortlich ist, im Übermaß genossen aber zu Kopfschmerzen führen kann.**

Waldmeister
Sirup

Kaffeehaus-Stunde

(manchmal ist's im Wirtshaus so schön wie im Kaffeehaus)

Zum fränkischen Gasthaus gehört seit jeher auch das Hausgebackene – von den schnellen Kuchen aus der Spring- oder Kranzform oder vom Blech über die aufwendigen Torten mit Cremes und Füllungen bis hin zum traditionellen Backwerk für Feste und Feiern. Ehrensache war das ausufernde Backen für Hochzeiten oder Konfirmationen, bei denen das Selbstgebackene in die Nachbarschaft ausgetragen und verschenkt wurde. Legendär ist noch heute das Küchle-Backen mit Tante Margarete, für das viele Frauen zusammenkamen, das penibelster Vorbereitung bedurfte und einem strengen Ritual unterlag. Denn wehe dem, der die Tür zur Küche auch nur einen Spalt breit öffnete, solange der Hefeteig unter den sauberen Laken und sorgsam auf Heizkissen gebettet ruhte ...

Welche Köstlichkeiten gebacken werden, liegt natürlich auch an der Jahreszeit. Im Sommer füllt sich die Backstube mit dem herrlichen Obst aus den eigenen Gärten oder der Nachbarschaft: verführerisch rote Kirschen, aromatische Zwetschgen, zart duftende Äpfel, Birnen und Quitten sind dann die Hauptakteure, um die sich alles dreht. Im Winter bereichern die Aromen und Texturen von Nüssen, Gewürzen, Wein und Schokolade, aber auch Schmalzgebäck den Kaffeetisch.

Doch wer braucht schon besondere Anlässe für ein Stückchen Kuchen? »Wäre es nicht wunderbar, wir hätten jetzt einen Nusszopf?«, fragt Angelika an stillen Tagen manchmal, und ihr versonnen-lächelnder Blick ist es, der Agnes dann dazu bewegt, sich die Schürze umzubinden und mit dem Backen zu beginnen ...

Das Flair eines Kaffeehauses zieht so an den Nachmittagen ins Wirtshaus ein, es kommen Spaziergängerinnen und Liebhaber der süßen Versuchungen. Wer kann schon dem Duft frisch gebackener Strudel, Küchle und Kuchen widerstehen? Und während sich nebenan allmählich der Stammtisch wieder füllt, genießt man Zwetschgenkuchen mit frisch geschlagener Sahne und eine gute Tasse Kaffee.

Butterkuchen vom Blech

Dieser einfache, aber köstliche Kuchen zählt sicher zu den Klassikern auf der fränkischen Kaffeetafel und wird auch gern zu Konfirmationen oder für Kirchweihfeste gebacken – denn womit könnte man besser viele Gäste verköstigen als mit einem Blechkuchen, der frisch aus dem Ofen kommt?

Für 1 Backblech

Für den Hefeteig:

½ l Milch
1 Würfel Hefe
500 g Mehl
60 g Zucker
1 Ei
1 Msp. Salz
75 g weiche Butter

Für den Guss:

200 g Butter
3 EL Zucker
125 ml Milch
1 EL Mehl
200 g Mandelblättchen
Puderzucker (optional)

Zum Servieren:

Schlagsahne

Alle Zutaten sollten für ein gutes Gelingen Raumtemperatur haben, daher allesamt frühzeitig bereitstellen. Für den Hefeteig zunächst einen Vorteig herstellen: Milch in einem Topf handwarm erhitzen, Hefe hineinbröckeln und mit einer Prise Zucker glattrühren, für etwa 10 Minuten an einem warmen Ort gehen lassen. Mehl in eine große Schüssel sieben, Vorteig, Zucker, Ei und Salz zugeben und verrühren. Die weiche Butter hinzugeben und alles sorgfältig zu einem glatten Teig kneten, bei Bedarf etwas Mehl zugeben, bis die Teigkugel weich und glatt ist, sich aber gut vom Rand ablösen lässt. Zugedeckt an einem warmen Ort (oder bei 30 °C im Backofen) 30 Minuten gehen lassen.

Den Hefeteig auf die Größe eines (mit Backpapier ausgelegten) Backblechs etwa 1 cm dick ausrollen und nochmals gehen lassen, bis er gut die doppelte Höhe erreicht hat. Den Backofen auf 180 °C Ober-/Unterhitze (Umluft 160 °C) vorheizen.

Für den Guss die Butter schmelzen und mit Zucker, Milch und Mehl vermischen. Mit den Fingern Mulden in den Teig drücken und zusätzlich mit einer Gabel an einigen Stellen einstechen. Die warme Buttermischung über den Kuchen verteilen und in die Mulden laufen lassen, anschließend die Mandeln gleichmäßig darüber verteilen. Nach Belieben noch einige Butterflöckchen auf den Mandeln verteilen und etwas Puderzucker darüber sieben.

Den Butterkuchen auf mittlerer Schiene in zirka 15 bis 20 Minuten goldbraun backen – der Kuchen soll nur zart gebräunt sein, daher unbedingt ein Auge auf den Ofen haben.

Mit frischer Schlagsahne servieren und noch warm genießen.

Biskuitrolle mit Erdbeeren und Mädesüß-Sahne

Die wohl beliebteste Beere der Welt – hier in harmonischer Gesellschaft von cremiger Schokoladenfülle und dem feinen, mandel-duftigen Aroma des Mädesüß, der »Königin der Wiesen«.

Für 6 bis 8 Personen

Für den Biskuit:
5 Eier
½ TL Zitronensaft
125 g Zucker
80 g Mehl
45 g Stärke
1 Msp. Backpulver
1 Prise Salz
Abrieb von ¼ Bio-Zitrone
2 EL Puderzucker

Im Voraus die Sahne vorbereiten: Dafür die am Morgen frisch geernteten Mädesüß-Blütendolden vorsichtig säubern bzw. abschütteln. In eine Schüssel geben und mit der flüssigen Sahne begießen. Abdecken und Blüten und Sahne im Kühlschrank für mehrere Stunden oder über Nacht ziehen lassen. Dann die Blüten entnehmen.

Für den Biskuit ein großes Backblech mit Backpapier auslegen und den Ofen auf 200 °C Ober-/Unterhitze (Umluft 180 °C) vorheizen. Die Eier trennen. Die Eiweiße mit dem Zitronensaft steif schlagen, nach und nach bei ständigem Rühren den Zucker einrieseln lassen, bis der Eischnee fest und glänzend ist. Das Mehl und die Stärke sieben und mit dem Backpulver, Salz und Zitronenabrieb mischen. Die Eigelbe verrühren und unter den Eischnee heben, ebenso mit dem Mehl verfahren – das alles sollte mit leichter Hand und zügig vor sich gehen. Keinesfalls zu heftig oder zu lange rühren. Den Teig sofort auf das Backblech geben und für etwa 10 Minuten backen. Den Backofen dabei nicht öffnen und gut darauf achten, dass der Teig nur hell gebräunt ist.

Das Blech aus dem Ofen nehmen und kurz beiseitestellen. Den Biskuit mit der Hälfte des Puderzuckers bestreuen, mit einem sauberen Geschirrtuch abdecken. Ein Kuchengitter darauflegen und den ganzen Kuchen vorsichtig stürzen. Das Blech abnehmen und das Backpapier abziehen, den Biskuit mit dem übrigen Puderzucker bestreuen. Teig mithilfe des Geschirrtuchs aufrollen und zum vollständigen Abkühlen beiseitestellen.

Für die Füllung:

6–8 Blütendolden Mädesüß
250 g Sahne
200 g weiße Kuvertüre, gehackt
75 g weiche Butter
150 g Mascarpone
Mark von 1 Vanilleschote
250 g Erdbeeren

Für die Füllung die Kuvertüre über dem Wasserbad schmelzen, vom Herd nehmen und etwas abkühlen lassen, dabei sollte die Schokolade aber flüssig bleiben. Sahne steif schlagen. Butter in eine Schüssel geben und glattrühren, die Schokolade zugeben und erneut glattrühren. Als Nächstes den Mascarpone dazugeben und rühren, bis die Masse homogen ist. Sahne und Vanille zugeben und so lange weiterschlagen, bis sich weiche Spitzen bilden. Die Erdbeeren gründlich waschen und zwei Drittel in kleine Stückchen schneiden.

Zum Füllen der Rolle den Boden wieder vorsichtig entrollen, mit zwei Drittel der Schokoladencreme bestreichen, die geschnittenen Erdbeeren daraufgeben und wieder locker aufrollen. Kühl stellen. Zum Servieren nach Belieben mit der übrigen Creme, den restlichen Erdbeeren oder mit Puderzucker garnieren.

Tipp: **An Bachläufen und auf nährstoffreichen Nasswiesen gedeiht das Mädesüß im Frühsommer – auch im Lillachtal. Seine weißfedrigen Blüten duften köstlich nach Mandeln und Honig, mit ihnen lässt sich Sahne wunderbar aromatisieren und auch Sirup herstellen. Neben seinem einzigartigen Aroma hat das Wildkraut auch Heilkräfte: Es beinhaltet Salicylate – Inhaltsstoffe, die isoliert für Aspirin verwendet werden – und weist leicht schmerzlindernde und fiebersenkende Wirkung auf. Kein Wunder, dass es so mit seinem hochaufragenden Blütenstand als »Reine-des-prés«, als »Wiesenkönigin« verehrt wird.**

Dukatenbuchteln mit Rhabarber-Rosmarin-Kompott

Wenn eine Süßspeise wahrhaft glücklich machen kann, dann sind es wohl frisch gebackene Buchteln – ob gefüllt mit Marillenmarmelade, Quark oder Mohn wie in Österreich oder serviert mit Zwetschgen und Vanillesoße: Das kleine runde Stück ist unwiderstehlich. Wir zeigen eine Variante, in der der sommerliche Rhabarber die Hauptrolle spielen darf.

Für 4 bis 6 Buchteln

Für die Buchteln:

240 ml Milch
40 g Hefe
600 g Mehl
100 g Zucker
4 Eigelb
2 EL Amaretto
100 g weiche, zimmerwarme Butter
¼ TL Salz
100 g flüssige Butter für die Form und zum Bestreichen der Teiglinge
200 g gehackte Mandeln

Alle Zutaten sollten für ein gutes Gelingen Raumtemperatur haben, daher allesamt frühzeitig bereitstellen.

Für den Teig die Milch in einem Topf handwarm erhitzen, die Hefe hineinbröckeln und mit einer Prise Zucker glattrühren, kurz an einem warmen Ort stehen lassen. Mehl in eine große Schüssel sieben, dann den Vorteig, Zucker, Salz, Eigelbe und Amaretto zugeben und gut verrühren. Die weiche Butter hinzugeben und sorgfältig zu einem glatten Teig kneten, bei Bedarf etwas Mehl zugeben, bis die Teigkugel weich und glatt ist, sich aber gut vom Rand ablösen lässt. Zugedeckt an einem warmen Ort (oder bei 30 °C im Backofen) gehen lassen.

Wenn der Teig gut aufgegangen ist, diesen nochmals kurz durchkneten und gleichmäßige Stücke abnehmen. Die Stücke zu Kugeln (etwas größer als ein Tischtennisball) formen und in eine mit Butter eingefettete Auflaufform hineinsetzen. Die Buchteln großzügig mit der Butter bestreichen und mit den Mandeln bestreuen. Nochmals etwa 20 Minuten gehen lassen.

Den Backofen auf 180 °C Ober-/Unterhitze (Umluft 160 °C) vorheizen und die Buchteln auf mittlerer Schiene in zirka 20 Minuten goldbraun backen.

Für das Kompott:
1 kg Rhabarber
250 g Zucker
1 EL Zitronensaft
1–2 Stängel Rosmarin
1 EL Maisstärke
50 ml kaltes Wasser

Während der Teig geht, das Kompott zubereiten: Den Rhabarber waschen, von den holzigen Enden befreien und in gleich große Stücke schneiden. In einen Topf geben, Zucker und Zitronensaft zugeben und etwa 15 Minuten ziehen lassen, bis der Rhabarber Saft gezogen hat. Bei Bedarf noch etwas Wasser zugeben und unter ständigem Rühren langsam zirka 10 Minuten köcheln, bis der Rhabarber fast zerfällt. Etwa nach der Hälfte der Garzeit den Rosmarinzweig zufügen, ziehen lassen, abschmecken und den Zweig entfernen. Das Kompott kann bei Bedarf mit einer Mischung aus 1 EL Maisstärke und 50 ml kaltem Wasser angedickt werden.

Das warme Kompott zu den ofenfrischen Buchteln servieren.

Tipp: **Für das Rezept eignet sich am besten roter Rhabarber, da er dem Dessert die schönste Farbe verleiht. Wer möchte, kann auch 200 g Erdbeeren zum Kompott geben und für die klassisch-harmonische Note statt des Rosmarins eine Vanilleschote mitziehen lassen.**

Käsekuchen

Wer liebt ihn nicht?

Für 1 Springform (Ø 28 cm)

Für den Teig:
250 g Mehl
125 g kalte Butter
125 g Zucker
2 Eier
20 ml Kirschwasser
Abrieb von ½ Bio-Zitrone
1 Msp. Salz

Für die Creme:
6 Eiweiß (2 davon vom Teig)
4 Eigelb
200 g Zucker
1 kg Quark (20 % Fett)
Mark von 1 Vanilleschote
50 g Speisestärke
1 Msp. Backpulver

Für den Mürbteig das Mehl in eine Schüssel sieben, in der Mitte eine Mulde formen. Butter in Flöckchen auf den Rand geben. Zwei Eier trennen, die Eiweiße für den Belag beiseitestellen. Eigelbe, Salz, Kirschwasser und Zitronenschale ebenfalls zum Mehl geben und alle Zutaten zügig zu einem glatten Teig verarbeiten. Den Teig zu einem flachen, runden Ziegel formen, in Frischhaltefolie einschlagen und für eine Stunde kalt stellen.

Eine Springform (Ø 28 cm) einfetten und den Backofen auf 180 °C Ober-/Unterhitze (Umluft 160 °C) vorheizen.

Für die Füllung die Eiweiße glänzend-cremig aufschlagen und beiseitestellen. Die Eigelbe mit dem Zucker hell-schaumig aufschlagen. Quark und Vanille zugeben und glattrühren. Speisestärke und Backpulver mischen, auf die Quarkmischung sieben und sorgfältig einrühren. Zum Schluss vorsichtig das Eiweiß unterheben.

Den Teig etwas größer als die Backform rund ausrollen, sodass etwa 5 cm Rand entstehen. Die Quarkmasse gleichmäßig auf dem Boden verstreichen. Auf mittlerer Schiene 20 Minuten im Ofen backen, danach eventuell mit Backpapier abdecken, wenn die Masse bereits gut gebräunt ist. Weitere 25 Minuten backen.

Für eine fruchtigere Variante 100 g frische Heidelbeeren oder Aprikosen in die Quarkmasse geben.

Apfelküchle mit Vanillesoße

Die duftig-süßen Apfelpfannküchle zählen zu Angelikas Leibspeisen und sind bevorzugter Seelenwärmer auch an Ruhetagen – blitzschnell zubereitet und köstlich sind sie perfekt auch für faule Naschkatzen.

Für 4 Personen

Für die Küchle:

3–4 säuerliche Äpfel (Braeburn oder Boskop eignen sich gut)

100 g Mehl

30 g Zucker

1 Prise Salz

Abrieb von ¼ Bio-Zitrone

2 Prisen Ingwer

Mark von ½ Vanilleschote

150 ml Milch

2 Eier

30 g Zucker

¼ TL Zimt

1 TL Kirschwasser

Butterschmalz zum Ausbacken

Für die Vanillesoße:

250 ml Milch

60 g Zucker

Mark von 1 Vanilleschote

1 Prise Salz

10 g Maisstärke

1 Eigelb

Puderzucker zum Garnieren

Als Erstes die Vanillesoße zubereiten. Dafür 200 ml Milch mit Zucker, dem ausgekratzten Vanillemark und einer Prise Salz aufkochen. Die übrige Milch mit der Stärke und dem Eigelb glatt schlagen und unter ständigem Rühren in die kochende Milch geben. Vor dem Servieren, wenn nötig, nochmals kurz erwärmen, schaumig aufschlagen und noch warm zu den Apfelküchle reichen.

Für den Teig das Mehl in eine Schüssel sieben. Zucker, Salz, Zitronenabrieb, Kirschwasser und Gewürze dazugeben und gut durchmischen. Unter ständigem Rühren die Milch zur Mehlmischung geben und so lange schlagen, bis ein dickflüssiger, glatter Teig entstanden ist. Mit einem Tuch abdecken und 15 Minuten ruhen lassen. In der Zwischenzeit die Eier trennen und die Eiweiße steif aufschlagen. Die Eigelbe verrühren und als Erstes zur Teigmasse geben, gut verrühren. Eischnee vorsichtig unterheben.

Zucker und Zimt mischen. Die Äpfel schälen und mit einem Apfelausstecher das Kerngehäuse entfernen. Vorsichtig in gleichmäßige Scheiben schneiden. Das Butterschmalz in einer Pfanne erhitzen. Die Apfelscheiben durch den Teig ziehen, etwas abtropfen lassen und bei moderater Hitze ausbacken, dabei nach wenigen Minuten einmal wenden. In Zucker und Zimt wenden und bis zum Servieren warm stellen.

Die Apfelküchle auf Tellern anrichten, mit Puderzucker bestäuben und mit der warmen Vanillesoße servieren.

Birnenkuchen mit Pekannuss-Streuseln

Ein saftiger Kuchen, einfach zubereitet und mit fruchtig-frischem Aroma – so kann der Herbst kommen!

Für 1 Springform (Ø 28 cm)

Für die Streusel:
50 g Pekannüsse
50 g Haferflocken
75 g Mehl
75 g brauner Zucker
½ TL Zimt
100 g Butter

Für den Teig:
125 g weiche Butter
100 g Zucker
3 Eier
Mark von 1 Vanilleschote
300 g Mehl
1 Pck. Backpulver
1 Msp. Kardamom
50 ml Zitronensaft

Für den Belag:
4–5 Birnen
2 cl Birnenschnaps

Eine Springform (Ø 28 cm) einfetten und den Backofen auf 180 °C Ober-/Unterhitze (Umluft 160 °C) vorheizen.

Für die Streusel die Nüsse grob hacken. Mit den Haferflocken, dem Mehl, Zucker und Zimt in eine Schüssel geben. Die Butter in Flöckchen dazugeben, mit einer Teigkarte alles grob hacken und zügig zu Streuseln kneten. Kühl stellen.

Für den Teig Butter und Zucker für 5 bis 10 Minuten gut schaumig rühren. Nach und nach die Eier zugeben, dann das Mark der Vanilleschote. Geduldig weiter rühren, bis die Zutaten eine feine, hellschaumige Masse bilden. Das Mehl sieben und mit dem Backpulver und einer Messerspitze Kardamom mischen. Die Mehlmischung im Wechsel mit dem Zitronensaft unterrühren.

Für den Belag die Birnen schälen, das Kerngehäuse entfernen und die Frucht in Spalten schneiden, mit dem Birnenschnaps beträufeln.

Den Teig in die Springform geben und glattstreichen. Die Birnenspalten fächerförmig von außen nach innen anordnen, die Streusel daraufgeben und etwa 35 bis 40 Minuten backen.

Tipp: **Das Rezept funktioniert natürlich auch mit Äpfeln, aber Birne, Pekannuss und Kardamom verbinden sich hier zu einem überaus eleganten Trio.**

Zwetschgenkuchen mit Quark-Öl-Teig

Es gibt wohl kaum etwas Verlockenderes als den ersten Zwetschgenkuchen im Jahr, wenn der Duft der saftigen Früchte aus dem Ofen strömt und die Küche mit aller Herrlichkeit des Sommers erfüllt …

Für 1 Backblech

Für die Streusel:

50 g Amarettini
160 g Mehl
100 g Zucker
150 g Butter
½ TL Zimt

Für den Teig:

400 g Mehl
3 TL Backpulver
100 g Zucker
250 g Quark
3 EL mildes, fruchtiges Olivenöl (alternativ Sonnenblumenöl)
6 EL Milch
1 Ei
¼ TL Salz

Für den Belag:

1,5 kg Zwetschgen
4 cl Zwetschgenschnaps
3–4 EL brauner Zucker
1–2 TL Zimt

Zum Servieren:

Schlagsahne

Ein Backblech mit Backpapier auslegen und den Backofen auf 200 °C Ober-/Unterhitze (Umluft 180 °C) vorheizen.

Für die Streusel die Amarettini grob hacken. Mit Mehl, Zucker und Zimt in eine Schüssel geben. Die Butter in Flöckchen dazugeben, mit einer Teigkarte alles grob hacken und zügig zu Streuseln kneten. Kühl stellen.

Für den Teig das Mehl in eine Schüssel sieben. Alle anderen Zutaten dazugeben, vermengen und gut durchkneten. Bei Bedarf etwas Mehl oder etwas Milch zugeben, bis sich alles vom Schüsselboden löst und eine glatte Teigkugel entstanden ist.

Die Zwetschgen waschen und mit einem Messer längs aufschneiden, aber nicht ganz halbieren, und den Stein entfernen. Den Teig ausrollen und auf das Backblech geben. Dicht mit Zwetschgen belegen. Je nach Reifegrad und Süße der Zwetschgen noch mit etwas braunem Zucker und Zimt bestreuen. Wenn keine Kinder naschen, zusätzlich mit Zwetschgenschnaps beträufeln.

Streusel gleichmäßig auf den Zwetschgen verteilen und den Kuchen in 25 bis 30 Minuten goldbraun backen. Mit Schlagsahne genießen.

Feiner Walnusskuchen

Wenn im Herbst die Walnüsse reif werden, fühlt sich ein Spaziergang so manches Mal an wie ein Besuch im Schlaraffenland: Man muss sich nur ein wenig bücken, um die Köstlichkeiten einzusammeln …

Für 1 Springform (Ø 24 cm)

Für den Teig:

125 g Mehl
60 g kalte Butter
1 Eigelb
60 g Zucker
1 Msp. Salz
10 ml Kirschwasser
Abrieb von ¼ Bio-Zitrone

Für die Füllung:

3 Eier
120 g Zucker
15 g Maisstärke
Mark von 1 Vanilleschote
1 Prise Salz
150 g geriebene Walnüsse
140 g Butter
30 g Semmelbrösel
150 g Aprikosenmarmelade

Für die Glasur:

50 g Puderzucker
15 ml Rum

Zum Servieren:

Schlagsahne

Für den Mürbteig das Mehl in eine Schüssel sieben, in der Mitte eine Mulde formen. Butter in Flöckchen auf den Rand geben. Eigelb, Kirschwasser, Zucker, Salz und Zitronenabrieb zum Mehl geben und alle Zutaten zügig zu einem glatten Teig verarbeiten. Den Teig zu einem flachen, runden Ziegel formen, in Frischhaltefolie einschlagen und für eine Stunde kaltstellen.

Eine Springform (Ø 24 cm) einfetten und den Backofen auf 200 °C Ober-/Unterhitze (Umluft 180 °C) vorheizen. Den Teig etwas größer als die Backform rund ausrollen, sodass etwa 3 cm Rand entstehen.

Für die Nussfüllung die Eier mit Zucker, Stärke, Vanille und Salz schaumig aufschlagen. Die Butter schmelzen. Semmelbrösel, Walnüsse und Butter vorsichtig unterziehen und in die Backform auf den Teig streichen. Die Temperatur auf 175 °C reduzieren und etwa 40 Minuten auf mittlerer Schiene backen. Danach aus dem Ofen nehmen und kurz abkühlen lassen. Währenddessen die Aprikosenmarmelade kurz aufkochen und den noch warmen Nusskuchen damit bestreichen.

Für die Glasur den Puderzucker sieben, mit Rum verrühren und lauwarm erhitzen. Den Kuchen damit bestreichen und vollends auskühlen lassen.

Zum Nusskuchen schmeckt Schlagsahne köstlich.

Tipp: **Das Reiben der Walnüsse ist zugegebenermaßen eine zeitaufwendige Liebesmüh. Aber auch hier gilt: Die Mühe ist es am Ende wert … Wer die Prozedur abkürzen möchte, kann auf gemahlene Haselnüsse oder Mandeln zurückgreifen.**

Kirschenpracht

in der Fränkischen Schweiz

Der Sommer ist die Zeit der Fülle und der schönsten Genüsse. Und zu diesen sommerlichen Köstlichkeiten zählen nicht zuletzt die Kirschen, die ebenso wie die Streuobstwiesen prägend für das Landschaftsbild sind. Über 2.500 Hektar landwirtschaftlich genutztes Land finden sich in der Fränkischen Schweiz, die Region gilt als eines der größten zusammenhängenden Anbaugebiete der Süßkirsche in Europa – nahezu die gesamte bayerische Süßkirschenernte stammt aus dem kleinen Landkreis Forchheim.

Die Spuren des Obstanbaus reichen dabei weit zurück in die Vergangenheit, bis in die Jungsteinzeit lässt sich der Anbau der Wildformen von Apfel, Birne und Süßkirsche zurückverfolgen. Erst die Klöster aber brachten den Obstanbau der Bevölkerung nahe. Und tatsächlich waren es wohl die Benediktinermönche des Klosters Weißenohe, die vor gut 1.000 Jahren damit begannen, züchterisch bearbeitete Kirschbäume im Klostergarten anzupflanzen, deren Anbau zu erforschen und den Kirschenanbau in der Region zu begründen.

Die strahlende Pracht der weißen und rosa Blüten im Frühling ebenso wie die tiefroten Früchte zur Erntezeit im Juni und Juli locken zahlreiche Gäste an. Das Kirschenpflücken oder »Kersch'nblodn«, für das die Bauern früher jede verfügbare Hand brauchten und auch Taglöhner und Nachbarn engagierten, ist zum beliebten Ausflugsvergnügen geworden. Bei allem Landidyll dürfen aber die großen Herausforderungen, vor denen die Bauern und die meist im Nebenerwerb organisierten landwirtschaftlichen Betriebe stehen, nicht vergessen werden: So bringt die Veränderung des Klimas mittlerweile häufig lange Phasen von Trockenheit oder aber Dauerregen mit sich, die den empfindlichen Früchten zusetzen. Der ohnehin aufwendige Anbau lässt dabei wenig Spielraum für Investitionen in technische Schutzmaßnahmen, die finanziell schlicht nicht zu schultern sind oder nicht die gewünschten Ergebnisse bringen. Was die Zukunft den Obstbäuerinnen und -bauern bringen wird, ist ungewiss; sicher ist, dass viel Engagement und Einfallsreichtum vonnöten sein werden, um mit Ausweich- oder Alternativkulturen oder dem Anbau von robusteren Sorten auch künftig die Vielfalt des Obstanbaus in der Fränkischen Schweiz zu erhalten.

Von Kirchweihbäumen und Sommerfreuden

»Die Kirwer is kummer, die Kirwer is dou – hollerei di ria, hollerei dio – die Ald'n die brummer, die Junger sin frouh – hollerei dia ria, hollerei dio.«

Es ist Sommer in Dorfhaus. Die Bäume stehen in vollem Laub, man hört Vogelgezwitscher. Das satte Grün der Blumenwiesen fliegt vorbei. Eine flotte Fahrt führt von der Engen Leite, einem landwirtschaftlich genutzten Verbindungsweg, zu den nahe gelegenen Weilern, durch den Wald hinunter ins Dorf. Kirschbäume säumen den Weg, ein paar Spaziergänger sind unterwegs. Noch einmal auf der staubigen Dorfstraße um die Kurve und an ein paar Fachwerkhäusern vorbei, dann ist das Ziel der Reise erreicht – der zur Kirchweih mit den wehenden Fahnen der Klosterbrauerei Weißenohe geschmückte Festplatz zwischen Gasthaus und Festzelt.

Es ist Nachmittag und die Gäste kommen aus allen Richtungen herbei, lassen sich im Festzelt nieder und genießen das frisch gezapfte Bier. Eine Musikkapelle spielt. Auf der Wiese unter dem Apfelbaum hat ein Marketender seinen Stand aufgebaut und verkauft herrlichen Tand, Spielsachen und spektakuläre Süßigkeiten wie ein mit bunten Liebesperlen befülltes Windrad. Und noch weitere Attraktionen hat das Wirtspaar Walter und Kuni für seine Gäste herbeigeschafft, eine imposante Musikorgel trällert, Kinder bestaunen die Schießbude und sogar eine echte Schiffschaukel gibt es.

Und während überall schon fröhliches Treiben herrscht, erklingen plötzlich altbekannte Kirwalieder. Strahlend und mit triumphaler Geste bringen die Männer in einem Zug mit Bulldog und Holzkarren eine frisch geschlagene und mit Bändern geschmückte Fichte ins Dorf: Es ist der Kirwabaum, der sogleich unter nicht unerheblichen Mühen, begleitet von noch mehr Gesang und dem Applaus der Zuschauer, auf dem Hof aufgestellt wird. Angelika reitet auf einem Pony durchs Bild. Kein Zweifel, es ist Kirchweih in Dorfhaus.

Es sind dies Szenen eines Amateurfilms aus den späten 1980er-Jahren. Wie aus der Zeit gefallen wirken die Bilder, aber lebendig ist die Tradition der Kirchweih noch immer. Tagelang wird ausgiebig gefeiert, und das Fällen, Schmücken und Austanzen des Kirwabaums, die schmalzigduftenden Kirwaküchla, schmucke Kirwaboum und Kirwamadla, Tanz, Musik und Bier – all das gehört in Franken zweifellos zum Sommer.

In einer kurzen Szene des alten Films tritt Walter – Wirt, Landwirt und Vater von Angelika und ihren vier älteren Geschwistern – vors Festzelt. Wie viele Schweine er geschlachtet habe, für die Kirchweih, fragt der Hobbyfilmer. Und Walter, der soeben genüsslich ein Bratwurstbrötchen verspeist, beginnt zu strahlen und reckt stolz neun Finger in die Höhe: »Neun Schweine g'schlachd', und morgen schlachd' mer nochmal drei!«, lacht er übers ganze Gesicht und fügt schelmisch hinzu: »'s Gschäfd mou geh, Weada bassd.«

Kirschenmichel

Eine sommerlich-fruchtige Nascherei, die ebenso gerne auf der Kaffeetafel wie als süße Hauptspeise serviert wird – und ganz nebenbei ist sie die wohl schmackhafteste Art, altbackene Brötchen oder trockenes Weißbrot zu verwerten.

Für 4 bis 6 Personen

5 altbackene Brötchen
400 ml Milch
3 Eier
100 g zimmerwarme Butter
100 g Zucker
1 Prise Salz
½ TL Zimt
Abrieb von 1 Bio-Zitrone
1 kg Kirschen (ohne Stein)
2 EL Mandelblättchen
Butter für die Form und für die Butterflöckchen
Zum Servieren:
Vanillesoße (Rezept Seite 120), eine Kugel Vanilleeis oder frische Schlagsahne

Die Brötchen in Scheiben schneiden und in eine Schüssel geben. Die Milch erwärmen und über die Brötchen gießen, dabei immer wieder durchmischen und vorsichtig kneten, damit die Brötchen die Flüssigkeit gleichmäßig aufnehmen. Beiseitestellen und für eine Weile ziehen lassen.

In der Zwischenzeit die Eier trennen und die weiche Butter mit Zucker, Salz und dem Eigelb schaumig aufschlagen, Zimt und Zitronenabrieb unterrühren. Die Kirschen und die Brötchenmasse dazugeben und vermengen, zuletzt den Eischnee unterheben. Eine Auflaufform buttern und die Masse hineingeben. Mandelblättchen und Butterflöckchen gleichmäßig verteilen und mit etwas Zimt bestreuen.

Im vorgeheizten Backofen bei 180 °C Ober-/Unterhitze (Umluft 160 °C) etwa 45 bis 50 Minuten goldbraun backen. Warm servieren.

Dazu schmecken am besten Vanillesoße, eine Kugel Vanilleeis oder frische Schlagsahne.

Tipp: **Wer möchte, kann den Kirschenmichel auch in einen »Ofenschlupfer« verwandeln und statt mit Kirschen mit Äpfeln und Rosinen zubereiten.**

Tante Margaretes Küchle

Es gibt wohl kaum ein bekannteres und beliebteres fränkisches Festtagsgebäck als die Küchle, die zur Firmung oder Konfirmation und natürlich zur Kirchweih nicht fehlen dürfen. Ob die in katholischen Gegenden beheimateten Knieküchle, von denen es heißt, sie würden über die frisch gewaschenen Knie der Bäckerinnen gezogen, oder die evangelischen kissenartigen Küchle: Wohl jeder Haushalt hat sein Geheimrezept für die in Butterschmalz gebackenen Köstlichkeiten – auch Tante Margarete.

Für ca. 20 Küchle

250 ml Milch
1 Würfel Hefe
100 g Zucker
1 kg Mehl
2 Eigelb
Mark von 1 Vanilleschote
Abrieb von 1 Bio-Zitrone
2 EL Zwetschgenschnaps
100 g zimmerwarme Butter
1 Prise Salz
1 kg Backfett (am besten Butterschmalz oder aber Kokosfett) zum Ausbacken
Puderzucker zum Bestäuben

Alle Zutaten sollten für ein gutes Gelingen Raumtemperatur haben, daher allesamt frühzeitig bereitstellen.

Für den Teig die Milch in einem Topf handwarm erhitzen, die Hefe hineinbröckeln und mit einer Prise Zucker und etwa 100 g Mehl glattrühren, kurz an einem warmen Ort stehen lassen. Das Mehl in eine große Schüssel sieben, den Vorteig mit Zucker, Salz, Eigelben, Vanille, Zitronenabrieb und Zwetschgenschnaps zugeben und gut vermengen. Die weiche Butter hinzugeben und gründlich zu einem glatten Teig kneten. Bei Bedarf etwas Mehl zugeben. Den Teig zugedeckt an einem warmen Ort ruhen lassen, bis er gut aufgegangen ist.

Auf der mit Mehl bestäubten Arbeitsfläche (oder einem Backbrett aus Holz) den Teig etwa 0,5 cm dick ausrollen. Anschließend mit einem Teigrädchen Quadrate von etwa 10 × 10 cm ausschneiden. Diese auf ein ebenfalls mit Mehl bestäubtes Geschirrtuch legen, zudecken und nochmals gehen lassen.

In der Zwischenzeit in einem großen Topf das Fett auf 150 °C erhitzen. Ein Teigstück in den Topf geben und sofort mit einem Schöpflöffel heißes Fett darübergießen, damit der Teig zu einem kleinen Polster aufgeht. Wenn die Unterseite nach 1 bis 2 Minuten goldbraun gebacken ist, das Küchle wenden, nochmals begießen und ausbacken. Mit dem Schaumlöffel herausheben und auf Küchenkrepp abtropfen lassen. Vor dem Servieren dick mit Puderzucker bestäuben.

Tipp:

Wichtig für das Backergebnis ist die richtige Temperatur. Zur Probe taucht man eine feuchte Gabelspitze in das Fett. Wenn es mäßig zu spritzen und zu zischen beginnt, ist die Temperatur perfekt. Es schadet auch nichts, während des Ausbackens ein Thermometer zu benutzen, um die Temperatur zwischendurch zu kontrollieren.

Holunderblüten-Sirup

Als schützender Hausbaum gilt der Holunder, aber auch entlang sonniger Wegesränder oder auf Waldlichtungen unter schattigen Laubbäumen ist er zu finden. Wenn sich Ende Mai seine verführerisch-feinen Muskatnoten ausbreiten, dann heißt das: Der Frühling geht, der Sommer kommt und es ist Erntezeit.

Für ca. 6 Flaschen à 500 ml

1 ½ l Wasser
1 ½ kg Zucker
3–4 Bio-Zitronen
75 g Zitronensäure
25 frische Holunderblüten

In einem großen Topf das Wasser mit dem Zucker erhitzen und unter gelegentlichem Rühren zum Kochen bringen, bis sich der Zucker aufgelöst hat. Den Sirup etwas einköcheln lassen, bis die gewünschte Konsistenz erreicht ist. 3 Zitronen waschen und in feine Scheiben schneiden. Die Zitronenscheiben und die Zitronensäure zum Sirup geben, dann die Holunderblüten hineingeben und einmal vorsichtig unterrühren. Mit einem Tuch abgedeckt an einem kühlen und dunklen Platz für 24 Stunden ziehen lassen.

Wenn das Aroma intensiv genug ist, den Sirup durch ein mit einem Tuch ausgelegtes Sieb abseihen. Abschmecken, wenn nötig noch etwas Zitronensaft zugeben und nochmals aufkochen.

Noch heiß in saubere, ausgekochte Flaschen abfüllen und kühl lagern.

Tipp: **Die Holunderblütendolden vor der Bearbeitung am besten auf einem Tisch im Garten oder auf dem Balkon, aber nicht in der prallen Sonne auslegen, mit Zeitungspapier abdecken und für einige Zeit stehen lassen – die kleinen Insekten, die nicht im Sirup enden sollen, werden aus dem Dunkel ins Licht fliehen und sich aus dem Staub machen.**

Rosenblüten-Gelee

Einzigartig ist der betörende Duft der Rosen – süß und blumig, würzig und fruchtig. Das Gelee eignet sich wunderbar zum Füllen und Garnieren von zarten Gebäcken wie Biskuits, Scones oder Baisers und wird in der Kombination mit Sahne oder Cremes zum Hochgenuss.

Für etwa 10 Gläser à 165 ml

25 Rosenblüten
½ l Rosé-Wein
0,75 l Wasser
500 g Gelierzucker (1:3)
½ TL Zitronensäure
Rosenwasser zum Aromatisieren (nach Belieben)

Die Blütenblätter vorsichtig vom Blütenansatz abzupfen und eventuell bittere, weiße Blattansätze abschneiden. Wein und Wasser in einen Topf geben und aufkochen, von der Hitze nehmen, die Blütenblätter hinzugeben. Den Sud für 30 Minuten abgedeckt ziehen lassen. Danach durch ein mit einem Tuch ausgelegtes Sieb abgießen, das Tuch mit den Rosenblättern gut ausdrücken, um den ganzen Geschmack aufzufangen.

Den Rosensud abkühlen lassen. Gelierzucker und Zitronensäure zugeben, nach Packungsangabe aufkochen. Vier Minuten sprudelnd kochen lassen, abschäumen. Abschmecken und etwas Rosenwasser beigeben, sollte der Rosengeschmack nicht intensiv genug sein.

Das Gelee noch heiß sofort in trockene, sterile Gläser füllen und verschließen.

Tipp: Die Farbe des Gelees kann von Zartrosa über leuchtend Rot bis hin zu dunkleren Rottönen reichen – je nachdem, welche Rosensorten verwendet werden. Wichtig ist allerdings, nur ungespritzte Blüten zu verwenden. Am besten eignen sich alte Rosensorten und Duftrosen wie die Damaszenerrosen, Englische Duftrosen oder Teerosen – ihren intensiven Duft einzufangen gilt es. Dazu erntet man die Rosenblüten am besten am frühen Morgen eines sonnigen Tages, wenn die ätherischen Öle noch erhalten sind und ihr volles Aroma entfalten. Bis zur Verarbeitung sollten die Blüten kühl gelagert werden, am besten wartet man aber nicht allzu lange.

Kleine Stärkungen

Zu allen Jahreszeiten finden viele Wanderer, Naturliebhaberinnen und Familien ihren Weg ins beschauliche Lillachtal, das durch seine unter Naturschutz stehenden Kalk-Sinterstufen zu beachtlicher Bekanntheit gefunden hat. Der Ausflug entlang des plätschernden Bachs und der bemoosten Terrassen führt über schmale Wege (auf denen sich an guten Tagen Feuersalamander blicken lassen) hinauf zum Ursprung des schmalen Wasserlaufs, zur Lillachquelle. Dort lässt es sich gemütlich rasten und am Wasser spielen, bevor es durch den Wald und über die Anhöhen zurück ins Dorf und Richtung Wirtshaus geht. Es naht die »blaue Stunde« im Gasthaus, gerade in den Herbst- und Wintermonaten, wenn es am Nachmittag dämmrig wird. Für den Kuchen zu spät, fürs richtige Abendessen aber zu früh – und doch wäre eine kleine Erfrischung oder Stärkung nach der Wanderung zu schön, wenn einem der Wind um die Ohren geblasen hat. Mit etwas Glück ergattert man einen Platz am Kachelofen in der gemütlichen Stube und dann lässt es sich prächtig genießen bei einer Süßspeise, einem wärmenden Eintopf oder einem deftigen Kuchen.

Bohneneintopf mit Speck

Bohnen sind ein herrliches Sommergemüse – frisch geerntet und verarbeitet sind sie ein Genuss! Das pfeffrig duftende Bohnenkraut verleiht den Bohnen ein feines, krautig-harziges Aroma.

Für 4 Personen

750 g grüne Bohnen
500 g Kartoffeln
1 Zwiebel
1 Zweig Bohnenkraut
50 g Rapsöl
1 Lorbeerblatt
½ l Rinderbrühe (Rezept Seite 65)
500 g Räucherspeck, am Stück
50 g kalte Butter
schwarzer Pfeffer aus der Mühle
frisch geriebene Muskatnuss
Salz
2 EL Apfelessig

Die Bohnen waschen, die Stielansätze entfernen und in etwa 3 cm lange Stücke schneiden. Die Kartoffeln schälen, grob würfeln und abbrausen. Die Zwiebel schälen und fein würfeln. Die Blättchen vom Bohnenkraut abzupfen. Das Öl in einem Topf erhitzen und die Zwiebel darin bei mittlerer Hitze glasig anbraten. Kartoffelwürfel, Lorbeerblatt und Bohnenkraut dazugeben und mit der Rinderbrühe angießen, bei milder Hitze 10 Minuten köcheln lassen.

Den Räucherspeck in 1 cm dicke Scheiben schneiden und in die Brühe geben. Die Bohnen ebenfalls hinzugeben und in weiteren 12 bis 15 Minuten weich garen. Die Butter unterrühren. Das Lorbeerblatt wieder entfernen und den Bohneneintopf mit den übrigen Gewürzen, Salz und Essig abschmecken.

Tipp: **Wenn Bohnen quietschen, war die Garzeit zu kurz. Tatsächlich enthalten grüne Bohnen ein hitzebeständiges Protein, das unverträglich ist. Sie dürfen daher nicht roh verzehrt werden.**

Käseknöpfle mit Radieschen-Pesto

Für Agnes bedeutet dieses Wohlfühlgericht: Zuhause! Wann immer sie vom Studium oder von Reisen zurückkehrte, wurde sie von ihrer geliebten kleinen Mama mit diesen köstlich gefüllten Teigtaschen empfangen.

Für 4 Personen

Radieschen-Pesto

- 2 Handvoll frisches Radieschengrün
- 1–2 Knoblauchzehen
- 60 g Cashewkerne
- 60 g Parmesan
- 200 ml Olivenöl
- Salz
- schwarzer Pfeffer aus der Mühle
- Zitronensaft nach Geschmack

Das Radieschengrün waschen und grob zerkleinern. Den Knoblauch schälen und in Scheiben schneiden. Die Cashewkerne in einer trockenen Pfanne goldbraun anrösten. Den Parmesan grob raspeln.

Alle Zutaten in einen Standmixer geben, nach und nach das Olivenöl zugeben und zu einer sämigen Paste mixen, mit Salz, Pfeffer und Zitronensaft abschmecken.

Tipp: Schabzigerklee, auch als Käse- oder Brotklee bekannt, ist eine krautige Pflanze, die getrocknet zum Würzen von pikantem Gebäck, Salaten oder Quarkspeisen verwendet wird. In der Schweiz schätzt man den würzig-bitteren Geschmack und den heuartigen Duft zur Herstellung von aromatischem Käse, in Südtirol zum Beispiel für das Vinschgauer Fladenbrot. Die Knöpfle-Füllung lässt sich aber beliebig auch mit anderen Kräutern und Gewürzen variieren, auch geröstete Nüsse oder Pilze können verarbeitet werden.

Käseknöpfle

Für den Teig:

500 g Mehl (Typ 405)
4 Eier
1 EL Olivenöl
50 ml warmes Wasser

Für die Füllung:

500 g Speisequark
2 Handvoll Schnittlauch, Petersilie, Brennnessel, Giersch
Salz
schwarzer Pfeffer aus der Mühle
frisch geriebene Muskatnuss
Galgant
Schabzigerklee
Butter

Das Mehl in eine Schüssel oder auf eine Arbeitsfläche sieben, eine Mulde in die Mitte drücken. Die Eier trennen, dabei ein Eiweiß separat aufbewahren. Drei Eiweiße in die Mulde zum Mehl geben und vermengen. Das Öl dazugeben und die Zutaten zu einem Teig verarbeiten, bis sich der Teig von der Schüssel löst. Dabei nach und nach das Wasser einarbeiten – hierzu braucht es etwas Gefühl, der Teig muss geschmeidig und seidig werden, er darf nicht trocken oder rissig sein. Mindestens 15 Minuten sorgfältig kneten und zu einer Kugel formen. Mit Frischhaltefolie abdecken und 30 Minuten ruhen lassen (nicht im Kühlschrank!)

Für die Füllung die Eigelbe zum Quark geben und gut verrühren. Die Kräuter waschen, trocken tupfen und fein hacken, ebenfalls zum Quark geben. Die Quarkmasse mit Salz, Pfeffer, frisch geriebenem Muskat, Galgant und Schabzigerklee abschmecken.

Einen großen Topf Wasser zum Kochen bringen, Salz dazugeben. Die Teigkugel in vier Portionen teilen. Arbeitsfläche bemehlen und jeweils einen Teil zu einem 30 × 30 cm großen Quadrat ausrollen. Jedes Quadrat nochmals in vier gleich große Quadrate teilen. 1 gut gehäuften EL der Quarkmasse in die Mitte jedes Quadrats setzen, die Ränder mit dem übrigen Eiweiß bestreichen. Die Quadrate zu Dreiecken zusammenschlagen und die Ränder fest zusammendrücken. Nach und nach ins siedende Wasser geben (nicht kochen!) und einige Minuten gar ziehen lassen, bis die Teigtaschen nach oben steigen.

Die Käseknöpfle portionsweise bei mittlerer Temperatur in Butter goldbraun braten, mit dem Radieschen-Pesto servieren und mit Radieschen garnieren. Dazu schmeckt ein frischer grüner Salat.

Zwetschgenknödel

Egal, welche Blessuren man als Kind von der Schulbank mit nach Hause getragen hatte: Wenn Oma Anna zum Mittagessen Zwetschgenknödel kochte, waren alle Ärgernisse sofort wie weggeblasen. Und auch heute sind die süßen Knödel in so mancher Stunde Gold wert!

Für 4 Personen

Für den Teig:

500 g mehlig kochende Kartoffeln

60 g Weizenmehl

40 g Weizengrieß

Salz

30 g Butter

1 Ei

4 EL Zucker

Für die Soße die Zwetschgen waschen, halbieren und die Kerne entfernen. Mit dem Zucker mischen, in einen Topf geben und etwa 20 Minuten ziehen lassen. Zimtstange und Zwetschgenschnaps hinzufügen und bei mittlerer Hitze in weiteren 20 Minuten weich köcheln lassen. Mit der in etwas kaltem Wasser gelösten Speisestärke abbinden und mit Zitronenabrieb abschmecken.

Für die Zwetschgenknödel die Kartoffeln waschen und in Salzwasser weich kochen. Abgießen, schälen und mit der Kartoffelpresse in eine große, flache Form drücken. Die Masse gut ausdampfen und abkühlen lassen (durchaus auch über Nacht), mit Mehl, Grieß, einer Prise Salz, Butter und Ei zu einem Teig verarbeiten.

Für die Füllung:

12 Zwetschgen
Zwetschgenschnaps
brauner Zucker

Für die Brösel:

150 g Semmelbrösel
100 g Butter
Zimt
Zucker

Für die Soße:

500 g Zwetschgen
100 g Zucker
1 Zimtstange
4 cl Zwetschgenschnaps
1 TL Speisestärke
etwas Abrieb von 1 Bio-Zitrone

12 Zwetschgen waschen, längs aufschneiden, aber nicht ganz halbieren und die Kerne entfernen. In jede Frucht ¼ Teelöffel braunen Zucker und einige Tropfen Zwetschgenschnaps geben.

Den Kartoffelteig auf einer bemehlten Arbeitsfläche etwa 0,5 cm dick ausrollen. Mit einem Messer in 12 gleichmäßige Stücke teilen. Auf jedes Stück mittig eine Zwetschge geben, den Teig zusammenschlagen und dann mit feuchten Händen zu einem glatten Knödel formen.

In einem großen Topf ausreichend Wasser mit 2 EL Salz und 4 EL Zucker zum Kochen bringen. Die Hitze etwas reduzieren und die Knödel darin etwa 10 Minuten gar ziehen (nicht kochen!) lassen.

In einer Pfanne die Semmelbrösel in der zerlassenen Butter bei milder Hitze goldbraun rösten und danach in einer kleinen Schüssel nach Geschmack mit Zimt und Zucker mischen.

Knödel mit der warmen Zwetschgensoße und den Butterbröseln servieren.

Tipp: **Wer noch mehr Süßmäuler glücklich machen möchte, macht gleich etwas mehr Kartoffelteig und bereitet daraus Schnupfnudeln (Fingernudeln) zu. Dafür aus dem Teig fingerlange und -dicke Würstchen formen. Diese ebenso wie die Knödel in kochendes Salzwasser geben – wenn die Schupfnudeln an die Oberfläche steigen, noch für 2 bis 3 Minuten ziehen lassen, dann sind sie gar. Vor der Weiterverarbeitung gut abtropfen lassen.**

Kartoffelkuchen mit Speck

Eine herzhaft-würzige Stärkung vom Blech, mit der sich auch eine größere Schar von Gästen verköstigen lässt.

Für 4 bis 6 Personen

Für den Teig:

1 kg Kartoffeln
Salz
Kümmel
2 Lorbeerblätter
1 Knoblauchzehe (ungeschält)
20 g frische Hefe
250 g Mehl

Für den Belag:

1 große Zwiebel
1 Knoblauchzehe
1 TL Bratöl
150 g gewürfelter Räucherspeck
250 g Quark
100 ml Sahne
3 Eier
150 g Emmentaler
Salz
schwarzer Pfeffer aus der Mühle
frisch geriebene Muskatnuss
Schabzigerklee
1 kleiner Bund Schnittlauch

Die Kartoffeln in einem großen Topf mit Wasser, Salz, Kümmel, Lorbeerblättern und einer ungeschälten Knoblauchzehe weichkochen. Kurz ausdampfen lassen, pellen und sofort durch die Kartoffelpresse drücken. Die Hefe in etwas lauwarmem Wasser anrühren und mit dem Mehl zur Kartoffelmasse geben. ¼ Teelöffel Salz dazugeben und gut verkneten. Ein Backblech mit Backpapier auslegen, den Teig auswellen und daraufgeben, etwas andrücken.

Backofen auf 220 °C Ober-/Unterhitze (Umluft 200 °C) vorheizen.

Für den Belag die Zwiebel fein würfeln, eine Knoblauchzehe schälen und fein hacken. Das Öl in einer Pfanne erhitzen, die Zwiebel und die Speckwürfel darin bei mittlerer Hitze anbraten. Quark, Sahne und Eier verquirlen, die Speck-Zwiebel-Mischung, den Knoblauch und den Käse dazugeben. Mit Salz, Pfeffer, Muskat und Schabzigerklee abschmecken.

Den Belag gleichmäßig auf dem Kartoffelteig verteilen. Im Backofen etwa 30 Minuten goldbraun backen.

Mit Schnittlauchröllchen bestreuen und warm servieren. Dazu schmeckt frischer Blattsalat.

Tipp: **Selbstverständlich gelingt auch eine Variante ohne Speck: Dafür die Quarkmasse mit Rosmarin und Knoblauch würzen und nach Belieben noch etwas mehr Käse verwenden.**

Sauerkraut-Silvaner-Tarte

Sauerkraut serviert man in Franken üblicherweise eher als Beilage zu Bratwürsten oder Schäufele. Dabei hat der fermentierte Weißkohl durchaus das Zeug zum Hauptakteur, wie diese Kombination mit dem Frankenwein mühelos beweist.

Für 4 Personen

Für den Mürbteig:

250 g Dinkelvollkornmehl
160 g Butter
1 Ei
¼ TL Salz
Abrieb von ½ Bio-Zitrone

Für die Füllung:

300 g frisches Sauerkraut
1 kleine Stange Lauch
1 Knoblauchzehe
20 g Butter
100 g gewürfelter Räucherspeck
2 Wacholderbeeren
1 EL Dinkelvollkornmehl
125 ml Silvaner
2 Eier
100 g Schmand
1 TL Kümmelsamen
1 TL Majoran
½ TL Zucker
Salz
schwarzer Pfeffer aus der Mühle
100 g würziger Hartkäse (Bergkäse oder Gruyère), gerieben
1 Bund Schnittlauch

Für den Mürbteig das Mehl in eine Schüssel sieben, in der Mitte eine Mulde formen. Butter in Flöckchen auf den Rand geben. Ei, Zitronenabrieb und Salz zum Mehl geben und zügig zu einem glatten Teig verarbeiten. Den Teig zu einem flachen, runden Ziegel formen, in Frischhaltefolie einschlagen und für mindestens eine Stunde kalt stellen.

Das Sauerkraut sehr gut abtropfen lassen. Lauch putzen, waschen und in feine Streifen schneiden. Knoblauch schälen und fein hacken. Butter in einer Pfanne erhitzen, darin zunächst die Speckwürfel andünsten, dann den Lauch mit den zerdrückten Wacholderbeeren und dem Knoblauch zugeben. Mit dem Mehl bestäuben und mit Silvaner ablöschen, etwa 15 Minuten dünsten. Das Sauerkraut zur Lauch-Speck-Mischung geben. Die Eier mit dem Schmand verquirlen und ebenfalls dazugeben. Die Masse mit Kümmel, Majoran und Zucker würzen und mit Salz und Pfeffer abschmecken.

Eine Tarteform (Ø 28 cm) einfetten und den Backofen auf 200 °C Ober-/Unterhitze (Umluft 180 °C) vorheizen. Den Teig ausrollen und die Form damit auslegen. Die Sauerkrautmasse auf dem Teig verteilen und mit dem Käse bestreuen. Die Tarte für etwa 30 Minuten im vorgeheizten Backofen backen. Den Schnittlauch in feine Röllchen schneiden, vor dem Servieren über die Sauerkraut-Tarte geben. Dazu schmeckt Blattsalat – und natürlich ein Glas Silvaner!

»Bunte Berta« – Burger mit Patty aus schwarzen Bohnen im Rote-Bete-Brötchen

Wer liebt nicht ab und an einen perfekten Burger, opulent und saftig, im frischen Bun serviert? Diese famose fleischfreie Variante mit Orangenmayonnaise und Grillgemüse hat garantiert alles in sich, was das Herz höherschlagen lässt.

Für 6 Personen

Für die Brötchen:

110 g gekochte Rote Bete
180 ml Rote-Bete-Saft
½ EL brauner Zucker
10 g Butter (vegan)
1,5 EL Olivenöl
15 g frische Hefe
15 g geriebener scharfer Meerrettich aus dem Glas
450 g Mehl
6 g Salz

Für ein gutes Gelingen des Teigs sollten alle Zutaten Zimmertemperatur haben, daher rechtzeitig bereitstellen.

Für den Brötchenteig die gekochten Roten Beten pürieren. Den Rote-Bete-Saft erwärmen, Zucker zugeben und die Butter darin schmelzen lassen. Olivenöl und Rote-Bete-Püree zugeben, die Hefe hineinbröckeln und gut einrühren, für etwa 10 Minuten an einem warmen Ort gehen lassen. Meerrettich in den Vorteig einarbeiten und mit Mehl und Salz zu einem glatten Teig verarbeiten. Zu einer Kugel formen und abgedeckt für etwa 45 Minuten an einem warmen Ort gut aufgehen lassen.

Den Backofen auf 200 °C Ober-/Unterhitze (Umluft 180 °C) vorheizen, ein Backblech mit Backpapier auslegen.

Den Teig nochmals kneten und in gleich große Portionen zu je etwa 100 g teilen, zu runden Brötchen formen und nochmals 15 Minuten gehen lassen – wenn mehr Brötchen als die benötigten entstehen, lassen sich diese selbstverständlich wunderbar für das nächste Abendbrot verwenden. Direkt vor dem Backen mit Wasser bepinseln und für etwa 20 Minuten auf mittlerer Schiene backen.

Für die Pattys:

300 g getrocknete schwarze Bohnen (Trockengewicht), über Nacht einweichen

1 mittelgroße Zwiebel

1 Knoblauchzehe

130 g Champignons

25 g (vegane) Butter

Olivenöl

25 g Tomatenmark

10 g Salz

25 g Leinsamen (geschrotet)

25 g Flohsamenschalen

30 g Haferflocken Zartblatt

5 g Misopulver

schwarzer Pfeffer aus der Mühle

Abrieb und Saft von ½ Bio-Zitrone

Semmelbrösel

Pflanzenöl zum Ausbraten

6 Scheiben Cheddar oder veganer Käse

Für die Pattys die Bohnen unter fließendem Wasser waschen, über Nacht in 1 l kaltem Wasser einweichen. Am nächsten Tag die Bohnen abgießen, in einem ausreichend großen Topf mit 1 l frischem Wasser zum Kochen bringen. Bei reduzierter Hitze und fast geschlossenem Deckel garen. Sie sollten weich sein, aber auch noch etwas Biss haben. In der Zwischenzeit Zwiebel und Knoblauch schälen, fein schneiden. Champignons waschen und klein schneiden.

Zwiebeln in Butter (vegan) und etwas Olivenöl glasig dünsten. Champignons zugeben, für einige Minuten mit anbraten. Das Tomatenmark unterrühren, beiseitestellen.

Wenn die Bohnen die gewünschte Konsistenz erreicht haben, vom Herd nehmen und abgießen, gut abtropfen lassen. Die Bohnen in eine ausreichend große Schüssel geben, mit der Pilzmischung gründlich vermengen. Gut zwei Drittel der noch warmen Masse mit dem Pürierstab zerkleinern. Leinsamen, Flohsamenschalen, Haferflocken, Salz und Misopulver untermengen. Mit Pfeffer und ggf. nochmals mit Salz würzen, Zitronensaft und Abrieb zufügen, nochmals gut durchkneten, abschmecken, 10 Minuten ziehen lassen.

Sechs Pattys von je etwa 90 g formen, vor dem Ausbraten in Semmelbröseln wenden. Eine Pfanne mit etwas Öl erhitzen, die Pattys zunächst für 5 bis 6 Minuten bei mittlerer Hitze auf der einen Seite braten, wenden, mit dem Käse belegen und in etwa 5 Minuten fertig braten.

Für die Orangenmayonnaise:

Saft und Abrieb von 1 Bio-Orange

200 g (vegane) Mayonnaise

Für das Gemüse:

1 Zucchini

½ Knoblauchzehe

2 TL Olivenöl

Salz

schwarzer Pfeffer aus der Mühle

Für die Garnitur:

12 schöne Blätter Blattsalat

1 Schälchen Gartenkresse

Für die Mayonnaise die Orange gründlich waschen, die Schale mit einer feinen Reibe abreiben, Orange halbieren und den Saft auspressen. Mit der Mayonnaise verrühren.

Für das Gemüse die Zucchini waschen und in feine Scheiben schneiden, mit der fein gehackten Knoblauchzehe in einer Pfanne mit etwas Öl anbraten. Mit Salz und Pfeffer abschmecken.

Zum Servieren die Burgerbrötchen aufschneiden, die untere Hälften üppig mit der Mayonnaise bestreichen und mit Salatblättern belegen. Die Pattys mit dem geschmolzenen Käse daraufgeben, die Zucchini verteilen und mit Kresse garnieren, dann den Deckel vorsichtig daraufgeben und mit einem Burgerspieß fixieren.

Tipp: **Hefe mag es nicht allzu heiß. Daher bei der Herstellung der Burgerbrötchen darauf achten, dass die Püree-Mischung nur handwarm ist, sonst geht der Teig nicht richtig auf.**

Winterfreuden und geselliger Jahresausklang

Wenn sich das Jahr dem Ende zuneigt und der Winter in der Fränkischen Schweiz Einzug hält, kehrt auch im Lillachtal nach der umtriebigen Saison wieder Ruhe ein. Die Wandergruppen und Ausflügler werden weniger und das dörfliche Leben verlagert sich von den Gassen, Wiesen und Weihern zurück in die Häuser. Doch gesellig bleibt es allemal, im Wirtshaus füllen sich die Stammtische und die Sehnsucht nach alten Bräuchen und die Freude an geliebten Traditionen führt die Menschen zusammen.

Eine lebhafte Veranstaltung, die bereits seit den 1950er-Jahren Kultcharakter genießt und alljährlich am Weihnachtsfeiertag im Wirtshaus stattfindet, ist die Christbaumversteigerung. Anders als Unkundige vielleicht vermuten mögen, werden dabei keinesfalls Christbäume einem frühzeitigen Ende zugeführt. Von der Freiwilligen Feuerwehr organisiert, gibt es vielmehr einen stattlichen und üppig mit hausgemachten Würsten behängten Baum zu bewundern. Diese Würste und andere hausgemachte Köstlichkeiten aber auch Praktisches wie Kettensägenöl gilt es zu ersteigern. Ein Ziel, das die Anwesenden höchst vergnügt verfolgen bis ein Glückspilz das begehrte Gut mit nach Hause nehmen kann. Obwohl aus früheren Tagen kleinere Zwistigkeiten überliefert sind, verläuft die Christbaumversteigerung jedoch meist zur allseitigen Zufriedenheit – und spätestens, wenn die frisch ersteigerten Knoblauchwürste verkostet werden, ist der Weihnachtsfrieden außer Gefahr.

Zu den alten Bräuchen, von denen noch voller Sehnsucht berichtet wird gehört das Pfeffern, das bereits in Johann Heinrich Zedlers *Universal-Lexicon Aller Wissenschaften und Künste* aus dem Jahr 1741 beschrieben ist: »Pfeffern, wird dasjenige genennet, welches an manchen Orten am anderen Weihnachts-Feyertage zu geschehen pfleget, da nämlich die Kinder ihre Freunde und Bekannten besuchen, und selbige mit gelinden Ruthen hauen, worauf sie einige Geschenke bekommen.« Über die Ursprünge können die Dorfhauser nichts Genaueres berichten, aber die Kindheitserinnerungen sind umso lebhafter: wie die Haselnuss- oder Birkenruten sorgfältig bereits am Vorabend gebunden wurden und wie gewissenhaft gepfeffert wurde. Denn der Großvater oder die Tante, so ist man sich einig, wären über ein Ausbleiben der Schläge ernsthaft erbost gewesen, sollten diese doch für Gesundheit und Fruchtbarkeit sorgen. Begleitet von Sprüchen wie »Schmeggd der Pfeffer goud, schmeggd der Pfeffer goud« oder »Ich pfeffer mein Herrn Nachber, wenn ich na pfeffer, lacht er. Mei Nachber is a guter Mo, der gibt mer an gutn Pfefferloh.«, wurde der Pflicht nachgekommen und dann auch freudig der »Pfefferlohn« entgegengenommen – Lebkuchen, Plätzchen oder 50 Pfennig.

Hutzelbrot

Als eines der ältesten Weihnachtsgebäcke im schwäbischen und bayrischen Raum trägt das würzig-saftige Hutzelbrot viele Bezeichnungen: Kletzenbrot, Früchtebrot, Birnweck oder Schnitzbrot nennt man die kleinen und lange haltbaren Laibe, die mit vielen Trockenfrüchten und Nüssen gebacken werden. Traditionell wird am 30. November, dem Andreastag, gebacken, damit das Brot lagern und reifen kann, um am Heiligen Abend angeschnitten und verteilt zu werden: an die Familie, an das Gesinde und auch an die Tiere im Stall, als »Maulgabe« – denn das reichhaltige Brot symbolisiert Fruchtbarkeit und soll Glück für das kommende Jahr bringen.

Für 2 Brote

Für die Früchtemischung:

180 g Kletzen (Dörrbirnen)
1 Zimtstange
1 Sternanis
50 g Orangeat
50 g Zitronat
180 g getrocknete Pflaumen
125 ml Rum
180 g getrocknete Feigen
180 g getrocknete Aprikosen
180 g Datteln
150 g Rosinen
100 g Mandeln
100 g nach Belieben Walnüsse oder Haselnüsse
Abrieb von ½ Bio-Orange

Am Vorabend die Dörrbirnen in 750 ml Wasser aufkochen. Zimtstange und Sternanis hinzufügen und ziehen lassen. Orangeat und Zitronat sehr fein hacken und mit den gewürfelten Dörrpflaumen in Rum einweichen.

Am nächsten Tag die Pflaumen und die Birnen abgießen, dabei Rum und Wasser mischen. Die Zimtstange entfernen. Die Feigen mit kochendem Wasser überbrühen und kurz ziehen lassen. In der Zwischenzeit die übrigen Früchte klein würfen. Mandeln und Nüsse grob hacken und in einer trockenen Pfanne sanft rösten.

Für den Teig:

350 g Dinkelvollkornmehl

1 Prise gemahlene Nelken

1 Prise Salz

400 ml Einweichwasser der Früchte

15 g frische Hefe

Für den Teig Mehl in einer Schüssel mit Nelkenpulver und Salz mischen. 400 ml vom Einweichwasser der Früchte handwarm erwärmen (das übrige Wasser beiseitestellen), die Hefe hineinbröckeln und darin auflösen, mit dem Mehl sorgfältig mischen und gut zu einem Teig verkneten. Bei Bedarf noch etwas Flüssigkeit oder Mehl zugeben. Früchte, Nüsse und Mandeln und Orangenabrieb zugeben und einige Minuten weiter kräftig durchkneten. An einem warmen Ort für 30 bis 40 Minuten zugedeckt gehen lassen.

Den Backofen auf 200 °C Ober-/Unterhitze (Umluft 180 °C) vorheizen.

Zwei Kastenformen (30 cm) mit Backpapier auskleiden. Den Teig auf die beiden Formen verteilen und für etwa 40 Minuten backen. Nach dem Backen aus der Form nehmen und zum Auskühlen auf ein Kuchengitter geben. Die noch warmen Laibe mit dem restlichen Rum-Einweichwasser bestreichen.

Sorgfältig in Frischhalte- oder Alufolie verpackt ist das Früchtebrot mehrere Wochen haltbar. Mit frischer Butter servieren.

Weihnachtliche Schwarzwälder Kirschtorte

Für einen festlichen Auftritt variieren wir den Klassiker mit den weihnachtlichen Aromen von Zimt, Kardamom, Orangen und Marzipan.

Für 1 Springform (Ø 28 cm)

Für den Mürbteig:
125 g Mehl
10 g Kakaopulver
1 Eigelb
65 g Butter
50 g Zucker
1 Msp. Salz
1 Msp. Backpulver

Für den Biskuitteig:
100 g Mehl
30 g Kakao
25 g Speisestärke
½ TL Backpulver
¼ TL Lebkuchengewürz
6 Eier
1 Spritzer Zitronensaft
150 g Zucker
1 Msp. Zimt

Den Boden einer Springform (Ø 28 cm) mit Backpapier belegen und den Backofen auf 175 °C Ober-/Unterhitze (Umluft 155 °C) vorheizen.

Für den Mürbteig das Mehl und das Kakaopulver in eine kleine Schüssel sieben, in die Mitte eine Mulde drücken und die restlichen Zutaten hinzugeben. Zügig zu einem glatten Teig verkneten, einen flachen Ziegel formen und für etwa 20 Minuten kühl stellen.

Den Teigziegel auf einem Backpapier bis zur Größe des Springformbodens ausrollen, mit einer Gabel einstechen und etwa 20 Minuten backen. Danach den Boden vom Springformboden auf ein Gitter ziehen und abkühlen lassen.

Für den Biskuitteig die Springform zusammensetzen, fetten und mehlen. Mehl, Kakao und Speisestärke sieben, Backpulver und Lebkuchengewürz dazugeben. Die Eier trennen und die Eiweiße in einer sauberen, großen Schüssel mit einem Spritzer Zitronensaft langsam steif schlagen. Die Eigelbe mit 150 g Zucker und dem Zimt schaumig rühren, Eischnee zugeben und vorsichtig unterrühren. Die Mehlmischung darübersieben und sorgsam unterheben. Die Biskuitmasse etwa 30 Minuten backen. Abkühlen lassen.

Für die Kirschfüllung:

1,5 Gläser Schattenmorellen

1 Pck. Vanillepudding

200 ml Kirschsaft

200 ml Rotwein

Zimt

Kardamom

Für die Quarkfüllung:

250 ml Sahne

50 g Zucker

Abrieb von 1 Bio-Orange

100 g Speisequark Magerstufe

100 g Marzipan

Zum Tränken:

Kirschschnaps

Zum Bestreichen:

Zwetschgenmarmelade oder Marmelade aus roten Früchten

Zum Garnieren:

700 ml Sahne

100 g Zucker

Kardamom

Dekoration nach Belieben:

Butterplätzchen in Tannenform, Schokoladenraspeln, Perlen ...

In der Zwischenzeit für die Kirschfüllung die Kirschen abtropfen lassen und den Saft auffangen. Den Vanillepudding mit etwas Kirschsaft glattrühren. 200 ml Rotwein und den restlichen Kirschsaft aufkochen, Vanillepudding dazugeben und kurz aufkochen lassen, Kirschen und Gewürze dazugeben, abschmecken und abkühlen lassen.

Für die Quarkfüllung 250 ml Sahne cremig schlagen, Zucker, Orangenabrieb und Quark ebenfalls, die Sahne unterziehen. Das Marzipan fein reiben und unterheben.

Zum Füllen den Biskuit zweimal waagrecht durchschneiden. Zunächst den Mürbteigboden mit 2 cl Kirschschnaps bepinseln und gut mit der Marmelade bestreichen, einen Biskuitboden auflegen und ebenfalls mit Schnaps tränken. Diesen Boden mit der Marzipan-Quark-Masse bestreichen, dann den zweiten Biskuitboden auflegen, mit Schnaps tränken und mit der Kirschfüllung bestreichen. Zuletzt den dritten Biskuitboden als Deckplatte auflegen.

Für die Garnitur 700 ml Sahne steif schlagen, Zucker einrieseln lassen und mit Kardamom abschmecken. Die Torte mit der Sahne verkleiden, nach Belieben verzieren. Bis zum Servieren kühl stellen.

Tipp: **Für das Gelingen des Biskuits ist die Herstellung des Eischnees entscheidend: Die Eier müssen dafür sauber getrennt werden, Schüssel und Rührbesen müssen fettfrei sein – dafür alles am besten mit etwas Zitronensaft abreiben. Nur frische Eier verwenden!**

Ebenso wichtig: Mehl und Kakao vorsichtig nach und nach unterheben und nicht rühren, damit die Luftbläschen, die die Teigmasse locker und luftig machen, nicht wieder entweichen.

Winterlicher Birnen-Aperitif

Allerorten genießt man in der kalten Jahreszeit liebend gerne Glühwein und Punsch. Warum nicht einmal eine fruchtige Variante als Aperitif servieren?

Für 4 Personen

400 ml Birnensaft
100 ml Apfelsaft
1 Zimtstange
2 Stück Sternanis
1 Scheibe frischen Ingwer
12–16 cl Williams-Christ-Birnenbrand
1 Spritzer Zitronensaft

Birnensaft und Apfelsaft erwärmen, nicht kochen lassen. Zimtstange, Sternanis und Ingwer für etwa 20 Minuten zum Aromatisieren ziehen lassen.

Die Gewürze entfernen, Birnenbrand kurz vor dem Servieren zugeben, mit Zitronensaft abschmecken.

Weihnachtsbonbons

Nicht nur Lametta und »Sternlespeier« zierten früher die Christbäume in den Stuben, sondern auch selbstgebackene Lebkuchen und Schokoladensterne – und es war das größte Vergnügen der Kinder, heimlich eine der verlockenden Süßigkeiten zu stibitzen. In Seidenpapier gehüllt und mit einem Streifen Silberfolie versehen werden auch die köstlichen Weihnachtsbonbons zum Hingucker am Tannenbaum.

Für ca. 60 Bonbons

5 große Tassen Milch
5 große Tassen Zucker
Mark von 1 Vanilleschote
5 TL Kakao
½ große Tasse gemahlene Nüsse
½ große Tasse gehackte, geröstete Mandeln
1 TL Zimt

Milch, Zucker und das Vanillemark bei schwacher Hitze für mindestens 2 bis 3 Stunden köcheln lassen. Dabei zunächst gelegentlich umrühren, bei fortschreitender Kochdauer dabeibleiben und immer wieder rühren. Aufmerksam die Farbe und Konsistenz der Masse beobachten: Wenn die Masse dickflüssiger wird und sich bräunlich zu färben beginnt, mit einem Teelöffel zur Probe etwas abnehmen und auf einen kalten Teller geben. Wenn die Masse abbindet und (vergleichbar mit Marmelade) beim Erkalten fest wird, ist die Bonbonmasse fertig. Sollte das noch nicht der Fall sein, muss noch weitergekocht werden.

Wenn es so weit ist, den Kakao mit etwas kalter Milch glattrühren und der Zucker-Milch-Mischung zugeben, das Ganze noch einmal aufkochen, von der Kochstelle nehmen. Nüsse, Mandeln und Zimt dazugeben und gut vermengen, etwas abkühlen lassen.

Ein Kuchenblech mit Backpapier auslegen und die dickflüssige, zähe Masse etwa 1 cm dick darauf ausstreichen. Erstarren lassen und in Rauten schneiden (etwa 5 × 1,5 cm). Danach gut auskühlen lassen und später trocken lagern (wie Kekse). Nach einigen Tagen werden die Bonbons zart und mürbe-schmelzend.

Tipp:

Geduld ist hier das Gebot der Stunde! Die Zubereitung der Bonbons benötigt meditative Ruhe – vielleicht hört man nebenbei ein Hörbuch oder lädt eine Freundin zum anregenden Küchengespräch ein. Für das Gelingen ist es aber unerlässlich, den richtigen Moment abzupassen, in dem die Masse bindet.

Abendbrot

Der Abend weiß mehr als der Morgen, heißt es: Das Tagwerk ist vollbracht, hinter einem liegen Begegnungen, Erfolge und Niederlagen, Ärgernisse und Freudiges. Wie gut, wenn es dann Gelegenheit gibt, am reichlich gedeckten Tisch zusammenzukommen, sich auszutauschen und über einer kräftigen Mahlzeit allmählich die vergangenen Mühen abzustreifen. Gemeinsam isst man besser, und es ist kein Wunder, dass in vielen Haushalten das Abendessen – ob kalt, ob warm – die bevorzugte Mahlzeit ist, zu der sich tatsächlich die ganze Familie versammelt. Als Einladung zum festlichen Souper oder Dinner mit mehreren Gängen ist es aber auch eine vortreffliche Gelegenheit, Freundinnen und Freunde mit seinen Kochkünsten zu verwöhnen, denn nun ist nicht nur Zeit für Gespräche, sondern auch für das genussvolle Verkosten von Aperitif und Wein, einer feinen Suppe oder einem verführerischen Dessert.

Feine Kartoffel-Lauch-Suppe mit Buchweizen

Lauch gilt gemeinhin als eher schlichte Pflanze, dabei besitzt er ausreichend Finesse und Vielschichtigkeit, um Gerichte zu veredeln. Dem milden Geschmack der Kartoffel verhilft er in dieser Suppe durch seine typische Schärfe und minzig-metallische Noten zum Ausdruck.

Für 4 Personen

800 g mehlig kochende Kartoffeln

1 Pastinake

1 Wurzelpetersilie

1 Zwiebel

2 Stangen Lauch

3 EL Olivenöl

200 ml Weißwein

2,5 l Gemüsebrühe (Rezept Seite 67)

1 Lorbeerblatt

20 g kalte Butter

frisch geriebene Muskatnuss

Salz

schwarzer Pfeffer aus der Mühle

Zum Garnieren:

4 EL Buchweizen

Sauerrahm

Die Kartoffeln schälen, waschen und in Würfel schneiden. Pastinake und Wurzelpetersilie schälen und würfen. Die Zwiebel fein würfeln. Den Lauch gründlich waschen und in feine Ringe schneiden, dabei alle weißen und hellgrünen Teile verwenden, nur das sehr grobe und dunkle Grün aussparen.

Das Öl in einem großen Topf erhitzen, zunächst die Zwiebel glasig dünsten, den Lauch und das Wurzelgemüse dazugeben und anschwitzen. Auch die Kartoffelwürfel dazugeben und kurz mitdünsten, mit dem Weißwein ablöschen und mit der Brühe angießen. Das Lorbeerblatt zugeben und alles bei milder Hitze in etwa 20 bis 25 Minuten weich köcheln.

Wenn das Gemüse gar ist, das Lorbeerblatt entfernen und die Suppe mit einem Pürierstab fein pürieren, die kalte Butter einrühren und mit Salz und den Gewürzen abschmecken.

Den Buchweizen trocken in einer Pfanne anrösten, die Suppe damit und mit 1 EL Sauerrahm garnieren.

Tipp: **Bevor Lauch verarbeitet werden kann, muss er zunächst gründlich gereinigt werden. Dazu halbiert man den grünen Schaft des Lauchs der Länge nach bis zum weißen Ende, lässt dieses aber noch ganz. So kann man den Lauch aufblättern und unter fließendem Wasser gründlich waschen. Danach lässt sich der Lauch gut weiterverarbeiten.**

Fränkisches Weinsüppchen

Einfach in der Zubereitung, aber effektvoll als Auftakt zu einem edlen Menü.

Für 4 Personen

2 Zwiebeln
1 Scheibe Knollensellerie
50 g Butter
0,5 l Silvaner
1 l dunkle Geflügelbrühe (Rezept Seite 66)
¼ Zimtstange
1 EL Kartoffelmehl zum Abbinden
400 ml Sahne
Salz
schwarzer Pfeffer aus der Mühle
Kardamom

Die Zwiebeln und den Sellerie schälen und in feine Würfel schneiden. Butter in einem Topf schmelzen, die Zwiebel und den Sellerie darin bei mittlerer Hitze sanft glasig und weich dünsten – aber nicht bräunen! Mit dem Wein ablöschen und mit der Brühe aufgießen, die Zimtstange zugeben. In etwa 20 bis 25 Minuten weichkochen und durch ein feines Sieb passieren. Wenn nötig, noch etwas Brühe zugeben, andernfalls mit 1 EL in kaltem Wasser eingerührtem Kartoffelmehl abbinden.

300 ml Sahne unterziehen und kurz köcheln lassen. Fein mit Salz, Pfeffer und etwas Kardamom abschmecken.

Die restliche Sahne weich aufschlagen und als Tüpfchen auf die in tiefen Tellern angerichtete Suppe geben.

Tipp: **Ebenso wie der Silvaner eignet sich auch ein trockener Riesling für das Rezept. Zur Suppe schmecken Rosmarin-Croutons köstlich: Dafür Weißbrotwürfel in Butter rösten und einen Zweig frischen Rosmarin dazugeben.**

G'rupfter

Die fränkische Brotzeit gehört zum hiesigen Lebensgefühl – ob als Stärkung am Vormittag, als Willkommensgruß für Freunde oder zum Abendessen, am allerliebsten jedenfalls in geselliger Runde mit einem schönen Seidla frisch gezapftem Bier. Frisches Brot gehört dazu, Butter, Wurst und natürlich herzhaft angemachter Käse!

Für 4 Personen

300 g Camembert
140 g Romadur
50 g körniger Frischkäse
2 EL Sahne
75 g zimmerwarme Butter
1 kleine rote Zwiebel
6 Radieschen
1 Frühlingszwiebel
2 TL Paprikapulver edelsüß
¼ TL gem. Kümmel
Salz
schwarzer Pfeffer aus der Mühle

Zum Garnieren:
1 Schälchen Gartenkresse

Camembert und Romadur klein schneiden und mit dem Frischkäse, der Sahne und der zimmerwarmen Butter cremig rühren. Die rote Zwiebel und die Radieschen sehr fein würfeln, die Frühlingszwiebel in feine Ringe schneiden und unterheben. Den Käse mit Paprikapulver, Kümmel, Salz und Pfeffer abschmecken.

Nach Belieben mit Kresse anrichten und mit frischem Holzofenbrot servieren.

Tipp: **Der G'rupfte, der fränkische Verwandte des bayrischen Obazda, besteht klassischerweise aus Camembert, Romadur und Frischkäse, die Anteile lassen sich aber ganz nach Geschmack etwas verändern. Wer es leichter mag, nimmt einfach mehr Frischkäse oder mischt etwas Hüttenkäse bei.**

Stadtwurst »mit Musik«

Zweifellos ein weiterer Brotzeit- und Biergarten-Klassiker! Was es mit der Musik bei diesem Gericht auf sich hat? Hier spielt keine Kapelle, vielmehr wird die würzig geräucherte Stadtwurst in einer schmackhaften Marinade aus Essig, Öl und Zwiebeln serviert – »mit Musik«.

Für 4 Personen

1 mittlerer Ring einfache oder Hausmacherstadtwurst

2 rote Zwiebeln

1 weiße Zwiebel

4 Gewürzgurken

1 Bund Schnittlauch

75 ml Wasser

75 ml Gurkenwasser

2 EL Weißweinessig

1 EL Zucker

4 EL Olivenöl

Salz

schwarzer Pfeffer aus der Mühle

edelsüßes Paprikapulver

Die Stadtwurst häuten, in dünne Scheiben schneiden und in tiefen Tellern anrichten. Zwiebeln schälen, halbieren, in feine Ringe schneiden. Gurken in feine Scheiben schneiden oder würfeln. Beides über der Wurst verteilen. Schnittlauch waschen, in feine Röllchen schneiden, auf die angerichteten Teller streuen.

Wasser, Gurkenwasser, Weißweinessig, Zucker und Olivenöl mischen, mit Salz und Pfeffer aus der Mühle abschmecken. Das so entstandene Kunstwerk mit der Marinade übergießen und zuletzt noch mit ein wenig Paprikapulver bestäuben.

Rote-Linsen-Pfannkuchen mit Erbsencreme und gegrilltem grünem Spargel

Von Mitte April bis zum Johannistag am 24. Juni hat der fränkische Spargel Saison. Nicht nur bei der Ernte, sondern auch in der Küche verlangt das zarte Gemüse etwas Fingerspitzengefühl, frisch gestochen und am selben Tag zubereitet sollte er genossen werden. Der Phantasie sind bei der Zubereitung kaum Grenzen gesetzt, ob pur mit Butter und Kartoffeln, als Quiche, Salat oder wie hier in farbenfroher Begleitung von Erbsen und Hülsenfrüchten.

Für 4 Personen

Für die Erbsencreme:

200 g TK-Erbsen
1 kleine Zwiebel
½ Knoblauchzehe
2 EL Olivenöl
1 TL Agavendicksaft
1 TL getrockneter Estragon
1 Prise gem. Kardamom
25 g milde grüne Peperoni (aus dem Glas)
1 TL Apfelessig
1 TL Flohsamenschalen
Salz
1 Msp. Chilipulver
Saft von ¼ Zitrone

Für die Erbsencreme Wasser mit Salz in einem kleinen Topf zum Kochen bringen. Die Erbsen darin für 2 Minuten blanchieren, danach abgießen und in Eiswasser abschrecken. Zwiebel schälen und Knoblauch schälen und fein würfeln. Das Öl erhitzen, Zwiebeln und Knoblauch darin in einigen Minuten glasig und weich dünsten. Zusammen mit allen anderen Zutaten in einen Standmixer geben und pürieren. Mit Salz, Chili und Zitronensaft abschmecken.

Für die Pfannkuchen:

150 g rote Linsen
50 g Quinoa
280 ml Wasser
½ TL Salz
2 Stängel Blattpetersilie
Olivenöl zum Ausbraten

Für das Gemüse:

1 kg mitteldicken grünen Spargel
Olivenöl
2 TL Fenchelsamen
Meersalzflocken

Für die Pfannkuchen Linsen und Quinoa in einem Sieb gründlichen waschen. Danach in eine große Schüssel mit ausreichend Wasser geben und für mindestens zwei Stunden einweichen. Abtropfen lassen und nochmals gründlich unter fließendem Wasser spülen.

Mit etwa 250 bis 280 ml Wasser und dem Salz in einen Standmixer geben und in 1 bis 2 Minuten zu einer feinen Konsistenz pürieren. Der Teig sollte zähflüssig sein (ähnlich wie Pfannkuchenteig), bei Bedarf und nach dem Ausbacken eines Probepfannkuchens eventuell noch etwas Wasser zugeben.

In einer gut beschichteten Pfanne portionsweise ausbacken, der Teig sollte sich gut glattstreichen und verteilen lassen. Pro Seite für etwa 2 Minuten backen, bis eine schöne Bräune erreicht ist. Bis zum Servieren warm stellen.

Den Backofen auf 230 °C Ober-/Unterhitze (Umluft 210 °C) vorheizen. Die Spargelstangen waschen und von den holzigen Enden befreien. Ein Backblech mit Backpapier auslegen, den Spargel darauf verteilen, sodass sich die Stangen möglichst nicht berühren, mit Olivenöl beträufeln, mit Fenchelsamen bestreuen und salzen. Im vorgeheizten Ofen für gut 10 Minuten backen, bis das Gemüse weich ist.

Die Pfannkuchen mit der Erbsencreme bestreichen, mit Spargel füllen und servieren. Dazu schmeckt ein frischer Salat.

Tipp: **Erntefrischen weißen und grünen Spargel erkennt man an prallen und glänzenden Stangen mit saftigen Schnittenden. Er lässt sich in feuchte Tücher gewickelt 2 bis 3 Tage im Kühlschrank aufbewahren.**

Emmer-Risotto mit ofen-gerösteten Wurzelgemüse

Das gesunde Urgetreide gewinnt mit seinem herzhaften und leicht nussigen Geschmack in den letzten Jahren zu Recht wieder an Beliebtheit, denn Emmer zählt nicht nur zu den ältesten kultivierten Getreidearten der Welt, sondern schmeckt überaus köstlich als Einlage in Suppen und Eintöpfen, als Bratling oder in Backwaren.

Für 4 Personen

Für das Wurzelgemüse:

400 g Rosenkohl

3 Karotten (gern bunt: gelb, lila, orange)

2 Pastinaken

2 Wurzelpetersilie

2 Knoblauchzehen

150 ml Olivenöl

1 TL Salz

Galgantpulver oder schwarzer Pfeffer aus der Mühle

Den Backofen auf 230 °C Ober-/Unterhitze (Umluft 210 °C) vorheizen.

Für das Gemüse den Rosenkohl waschen und putzen, die Röschen halbieren. Karotten, Pastinaken und Wurzelpetersilie schälen und in gleichmäßige Stücke schneiden. Den Knoblauch schälen und mit Öl und Salz pürieren, über das Gemüse geben und gut durchmischen, mit Pfeffer oder Galgant würzen. Das Gemüse auf einem mit Backpapier ausgelegten Backblech ausbreiten und in etwa 20–25 Minuten im Ofen rösten. Die Gemüsestücke sollen weich und dürfen gut gebräunt sein.

Für das Emmer-Risotto:

200 g Emmerreis
1 kleine Zwiebel
2 EL Butter
Salz
1 Lorbeerblatt
50 ml Weißwein
800 ml Gemüsebrühe (Rezept Seite 67)
50 g Bergkäse
1–2 EL Butter

Zum Servieren:

150 g Sauerrahm
Abrieb von ½ Bio-Zitrone

Für das Risotto den Emmerreis in einem Sieb gut abspülen. Zwiebel fein würfeln. 1–2 Esslöffel Butter in einem Topf erhitzen und die Zwiebel darin glasig dünsten. Emmerreis, Salz und Lorbeerblatt dazu geben, mit Weißwein ablöschen und nach und nach unter Rühren mit der Brühe angießen. Bei schwacher Hitze für etwa 15 bis 20 Minuten simmern lassen, bis der Emmer gar ist. Das Lorbeerblatt wieder entfernen, Butter und geriebenen Käse unterrühren.

Das Risotto in einen tiefen Teller geben, das Wurzelgemüse darauf geben. Den Sauerrahm mit Zitronenabrieb und Salz abschmecken und nach Belieben zum Risotto reichen.

Auch Biertrinker kommen mit Emmer auf ihre Kosten – aus dem Urgetreide lassen sich dunkle und sehr würzige Biere herstellen. Da er Ähnlichkeiten mit Hartweizengrieß aufweist, ist der Emmer darüber hinaus auch gut für Pasta geeignet.

Gebratenes Schweinerückensteak auf Röstbrot mit geschmälzten Zwiebeln

Unseren Gästen ist das »Lillachtal-Steak« einer der Lieblinge auf der Speisekarte und serviert mit Bratkartoffeln das perfekte Wohlfühlessen für die ganze Familie.

Für 4 Personen

8 Scheiben vom Schweinerücken oder Schweinelachs
Salz
4 Zwiebeln
2 Zehen Knoblauch
50 g Butter
50 ml Olivenöl
1 Zweig Rosmarin
1 Prise Zucker
Koriander, geschrotet
schwarzer Pfeffer aus der Mühle
8 halbe Scheiben Schwarzbrot
Schnittlauch

Die Steaks beidseitig gleichmäßig mit Salz würzen. Die Zwiebeln schälen und in feine Ringe schneiden, den Knoblauch schälen und fein hacken. 20 g Butter mit 2 EL Olivenöl in eine Pfanne geben, die Zwiebeln mit 1 Prise Zucker darin bei mittlerer Hitze für 10 Minuten anschwitzen, den Knoblauch dazugeben und alles schön bräunen. Im Backofen warm stellen.

Die Steaks in einer Pfanne mit etwas Öl, einem kleinen Zweig Rosmarin und etwas Butter bei mittlerer Hitze anbraten. Nach 4 bis 5 Minuten wenden, die gebratene Seite mit geschrotetem Koriander und Pfeffer aus der Mühle würzen, fertig gar ziehen lassen.

Die Brotscheiben toasten. Den Bratensaft auf das Brot gegeben, das Fleisch darauf anrichten und mit den gerösteten Zwiebeln bedecken. Mit Schnittlauch bestreuen und servieren.

Dazu schmecken Bratkartoffeln, Zwiebelmayonnaise (siehe Rezept »Schinkenbrot mit Eieiei«, Seite 12) und ein grüner Salat.

Tipp:

Die passende Pfanne und die richtige Temperatur sind für die Zubereitung von Kurzgebratenem unerlässlich. Ob das Fett die richtige Temperatur hat, lässt sich testen, indem man einige Wassertropfen hineingibt. Wenn es zischt und die Tropfen verdampfen, kann das Fleisch in die Pfanne.

Grünkerntaler mit Fenchel-Orangen-Salat

In der fränkischen Anbauregion finden im Sommer Grünkernfeste statt, auf denen die traditionelle Gewinnung des Getreides aus Dinkel auf alten Darren miterlebt werden kann und seine Vielseitigkeit mit schmackhaften Gerichten zelebriert wird. Wir lieben diese Kombination aus kräftig-würzigem Grünkern, dem zarten Anisgeschmack des Fenchels und der Süße von reifen Orangen!

Für 4 Personen

Für den Salat:

3 Orangen
300 g Fenchel
Salz
1 TL Rohrohrzucker
schwarzer Pfeffer aus der Mühle

Für das Dressing:

Saft von 1 Bio-Zitrone
150 g Joghurt
2 EL Schmand
2 EL Nussmus
1 TL Honig
1 TL Olivenöl
Salz

Für den Salat die Orangen schälen, von der weißen Haut befreien und die Filets über einer Schüssel mit einem scharfen Messer zwischen den Häuten herausschneiden. Dabei den Saft der Orangen für die Soße auffangen. Den Fenchel waschen, das zarte Blattgrün beiseitelegen. Wenn die äußere Schicht des Fenchels zu hart oder holzig ist, diese abziehen. Die Knolle halbieren, den Strunk entfernen und in feine Streifen schneiden oder hobeln. Das Fenchelgrün fein zupfen.

Den Fenchel mit etwas Salz, frisch gemahlenem Pfeffer und Zucker würzen, leicht durchkneten und etwas ziehen lassen. Orangenfilets, Fenchelstücke und die Hälfte des Fenchelgrüns in einer Schüssel mischen.

Für das Dressing alle Zutaten gut verrühren, bis eine cremige, glatte Soße entstanden ist. Mit Salz abschmecken.

Zum Bestreuen:

70 g Haselnusskerne
rosa Pfeffer

Für die Grünkerntaler:

100 g Grünkernschrot
300 ml Gemüsebrühe (Rezept Seite 67)
1 Karotte
1 rote Zwiebel
3 Stängel Blattpetersilie
200 g Naturtofu
1 Ei
2 EL Paniermehl
½ TL helle Misopaste
Salz
schwarzer Pfeffer aus der Mühle
Bratöl

Die Haselnusskerne grob hacken und einer trockenen, beschichteten Pfanne rösten, bis sie zu duften beginnen. Die Soße über den Salat geben und gut durchmischen, mit Fenchelblättchen, gerösteten Nüssen und rosa Pfeffer garnieren.

Für die Grünkerntaler den Grünkernschrot ohne Beigabe von Fett in einen kleinen Topf geben und bei mittlerer Hitze unter ständigem Rühren anrösten. Mit der Gemüsebrühe ablöschen und in etwa 15 Minuten bei geringer Hitze weich garen, etwas abkühlen und ausdampfen lassen. Die Karotte waschen und reiben. Die Zwiebel in feine Würfel schneiden. Die Blattpetersilie waschen, von den groben Stängeln lösen und fein hacken. Den Tofu pürieren. Alles in einer Schüssel mit dem Grünkern mischen. Ei, Paniermehl und Misopaste dazugeben, gut mischen und mit Salz und Pfeffer würzen.

In einer Pfanne etwas Bratöl erhitzen. Aus der Masse kleine Taler mit 6–8 cm Durchmesser formen und portionsweise bei mittlerer Hitze goldbraun ausbraten.

Die Grünkerntaler und den mit Fenchelgrün, Nüssen und rosa Pfeffer garnierten Salat auf Tellern anrichten und servieren.

Tipp: **Wer keinen Fenchel zur Hand hat, kann ebenso gut Stangensellerie verwenden.**

Gebratenes Zanderfilet mit Schmorgurken

Ein Festessen für Fischliebhaber ist der Zander mit seinem zugleich festen und zarten Fleisch. Die wohl beliebteste Zubereitung ist das knusprig auf der Haut gebratene Filet, das sich wunderbar mit Gemüse, mit leichter Soße zu Pasta oder angerichtet auf Salat servieren lässt.

Für 4 Personen

Schmorgurken

1 kg Schmorgurken
1 kleine Zwiebel
50 g Butter
1 EL Olivenöl
1 EL Zucker
100 ml Weißwein
300 ml Gemüsebrühe (Rezept Seite 67)
1 kleiner Bund Dill
4 Stängel Blattpetersilie
1–2 TL Speisestärke
150 g Sauerrahm
Salz
schwarzer Pfeffer aus der Mühle
Abrieb von 1 Bio-Zitrone

Die Gurken waschen, schälen und halbieren. Mit einem Löffel das Kerngehäuse herausschälen, in etwa 1,5 cm breite Stücke schneiden. Zwiebel schälen und in sehr feine Ringe schneiden. Butter und Olivenöl in einen Topf geben und bei mittlerer Hitze zerlassen, Zwiebel darin glasig dünsten. Die Gurkenstücke mit dem Zucker dazugeben und für einige Minuten andünsten.

Das Gemüse mit dem Weißwein ablöschen und mit der Gemüsebrühe angießen, bei milder Hitze in etwa 15 Minuten weich köcheln. Dill und Petersilie waschen, trocken tupfen und fein hacken. Die Schmorgurken nach Geschmack mit der in kaltem Wasser aufgelösten Speisestärke abbinden. Den Sauerrahm unterrühren und mit Salz, Pfeffer und dem Zitronenabrieb abschmecken.

Zanderfilet

4 Zanderfilets (je 130–150 g)
Salz
Koriander, geschrotet
schwarzer Pfeffer aus der Mühle
2 Stängel Petersilie
Pflanzenöl zum Braten
40 g Butter
Abrieb von 1 Bio-Zitrone und 1 Zitronenscheibe

Die Zanderfilets waschen und trocken tupfen, die Haut mit einem scharfen Messer mehrfach einschneiden. Beide Seiten salzen, das Fleisch mit Koriander und Pfeffer aus der Mühle würzen.

Die Petersilie waschen, trocknen und fein schneiden.

Etwas Öl in der Pfanne erhitzen, die Filets mit der Hautseite nach unten hineinlegen und für 4 bis 6 Minuten anbraten, bis die Haut knusprig ist. Die Filets vorsichtig wenden und Butter, Petersilie und die Zitronenscheibe zugeben. Bei milder Hitze in etwa 2 bis 3 Minuten fertig garen und anschließend mit etwas Salz abschmecken.

Mit den Schmorgurken servieren.

Dazu passen Salzkartoffeln.

Tipp: Im Vergleich zu ihren populären Verwandten, den Salatgurken, sind die aromatischen Schmorgurken eher in der Küche zu finden. Durch ihre härtere und dickere Schale schmecken sie nur gegart, sind aber hervorragend zum Kochen und Füllen geeignet, sind kalorien- und fettarm und verfeinert mit Dill, Zitrone oder Schmand das perfekte Sommergemüse.

Grießflammerie mit Quittensoße und gerösteten Mandeln

Die blumig-fruchtigen und holzigen Aromen von Quitte und Vanille verleihen diesem einfachen Dessert etwas Glamouröses, mit dem man zum Abschluss eines Menüs sicherlich den Gaumen der Gäste erfreuen kann.

Für 4 Personen

Für die Grießflammerie:
20 g Maisstärke
30 g Weichweizengrieß
60 g Rohrohrzucker
260 ml Milch
200 ml Sahne
15 g Butter
Mark von 1 Vanilleschote
1 TL Rum
1 TL Orangenlikör

Für die Quittensoße:
3 Quitten
125 g brauner Zucker
150 ml Weißwein
150 ml weißer Portwein
Mark von 1 Vanilleschote
1 Sternanis
1 TL Speisestärke

Zum Bestreuen:
1 EL Butter
50 g gehobelte Mandelblättchen

Für die Grießflammerie 4 Portionsschälchen à ca. 150 ml bereitstellen.

Stärke, Weichweizengrieß, Maisstärke und Zucker mit 60 ml Milch glattrühren. Restliche Milch und die Sahne in einem Topf erhitzen, Butter und Vanille zugeben und unter Rühren aufkochen. Die Grießmischung dazugeben und unter ständigem Rühren kurz aufkochen. Rum und Orangenlikör einrühren. Die Masse zügig in die gewünschten Portionsförmchen geben und kühl stellen.

Für die Soße die Quitten waschen und gründlich den pelzigen Flaum abreiben. Die Quitten schälen, vierteln und mit einem scharfen Messer das Kerngehäuse entfernen. Das Fruchtfleisch in 1 cm große Würfel schneiden.

Den Zucker in einem Topf bei mittlerer Hitze hellbraun karamellisieren, mit Wein und Portwein ablöschen. Die Gewürze dazugeben und etwas einköcheln lassen. Quittenwürfel beifügen und in etwa 10 Minuten weich dünsten. Die Früchte sollten weich, aber nicht zu musig sein. Den Sternanis wieder entfernen, nochmals abschmecken und die Soße nach Belieben mit 1 TL in Wasser aufgelöster Speisestärke bis zur gewünschten Konsistenz eindicken.

Die Butter in einer Pfanne schmelzen und die Mandelblättchen bei sanfter Hitze goldbraun anrösten.

Zum Servieren die Grießflammerie auf einen Dessertteller stürzen und mit der Quittensoße anrichten, die Mandeln darübergeben.

Tipp:

Die Schalen der Quitten nicht wegwerfen! Sie lassen sich wunderbar zum Aromatisieren von Tee, Essig und Öl verwenden.

Lauwarmer Schokoladenkuchen mit heißen Kirschen und Vanilleeis

Nicht umsonst gilt Schokolade als Speise der Götter, zählt doch alles, was aus ihrer samtigen Süße gemacht ist, zu den mit Abstand beliebtesten Desserts. Der kraftvolle, intensive Geschmack dunkler Schokolade beweist sich hier als perfekter Partner für Kirschen und Eiscreme und beschert wahrhaft himmlischen Genuss.

Für 4 bis 6 Personen

Für den Kuchen:

200 g dunkle Schokoladencallets oder hochwertige Zartbitterschokolade (85 %)
200 g Butter, gewürfelt
200 g Zucker
¼ TL Kardamom
1 Prise Salz
5 Eier

Für die Kirschen:

400 g Kirschen
25 g Butter
100 g Zucker
Saft von ½ Bio-Zitrone
4 EL fränkischer Tresterbrand

Eine Tarteform (Ø 28 cm) einfetten und mit Mehl bestäuben. Den Backofen auf 170 °C Ober-/Unterhitze (Umluft 150 °C) vorheizen.

Die Schokolade mit der Butter in einer Schüssel über dem Wasserbad schmelzen, gelegentlich umrühren. Nun den Topf vom Herd nehmen, Zucker, Kardamom und Salz einrühren. Etwas abkühlen lassen.

Eier aufschlagen und verrühren, nach und nach mit einem Schneebesen in die Schokoladenmasse einrühren. Schokoladenmasse in die vorbereitete Form geben und im vorgeheizten Backofen für 20 bis 25 Minuten backen.

Die Kirschen waschen und entsteinen, dabei den austretenden Saft auffangen. Butter in einer Pfanne schmelzen, Kirschen, Saft und Zucker zugeben. Bei mittlerer Hitze rühren und schwenken, bis sich der Zucker aufgelöst hat. Den Zitronensaft dazugeben und noch einige Minuten weiter köcheln, bis die Soße reduziert und etwas eingedickt ist. Kurz vor dem Servieren den Tresterbrand einrühren, nochmals abschmecken und Säure bzw. Süße ausbalancieren.

Mit dem lauwarmen Schokoladenkuchen und einer Kugel Vanilleeis anrichten.

Tipp:

Schokolade ist eine Diva, sie verlangt Präzision in der Zubereitung. Beim Schmelzen der Schokolade darauf achten, dass keine Feuchtigkeit hineingelangt (daher auch nie einen Deckel auflegen, um Kondenswasser zu vermeiden), sonst klumpt der trockene Kakaoanteil und die Schokolade wird hart und körnig.

Crème-fraîche-Panna-cotta mit Rotweinzwetschgen und Hafercrumble

Der Rezeptklassiker verzaubert durch seine Einfachheit: Wer einmal sahnig-frische Panna cotta auf der Zunge hatte, weiß, wie Glückseligkeit schmeckt …

Für 4 Personen

Für die Panna cotta:

3 Blatt Gelatine
250 ml Sahne
180 g Crème fraîche
50 g Zucker
Mark von 1 Vanilleschote

Für die Zwetschgen:

500 g Zwetschgen
50 g Rohrohrzucker
150 ml Rotwein
100 ml Portwein
1 Scheibe einer Bio-Orange
1 Scheibe Ingwer
½ TL Zimt
¼ TL Kardamom
1 TL Speisestärke

Für die Panna cotta die Gelatine für gut 10 Minuten in kaltem Wasser einweichen. Sahne, Crème fraîche und Zucker in einem Topf auf milder Hitze unter stetigem Rühren erhitzen, bis sich der Zucker aufgelöst hat. Die Mischung von der Hitze nehmen, das Mark der Vanilleschote dazugeben und die Gelatine sorgfältig einrühren. Durch ein feines Sieb streichen, damit keine Gelatineklümpchen übrigbleiben, und anschließend in Portionsgläser à ca. 200 ml füllen. Für etwa 3 Stunden kühl stellen.

Für die Rotweinzwetschgen die Zwetschgen waschen, entsteinen und vierteln. Den Zucker in einer beschichteten Pfanne mit etwas höherem Rand erhitzen und hellbraun karamellisieren lassen. Mit Wein und Portwein ablöschen und etwas einköcheln lassen. Orange und Ingwer dazugeben, mitziehen lassen. Die Zwetschgen, Zimt und Kardamom zugeben und in wenigen Minuten weich dünsten. Die Soße je nach Belieben mit 1 TL in Wasser aufgelöster Speisestärke bis zur gewünschten Konsistenz eindicken. Nochmals abschmecken, Säure und Süße ausbalancieren.

Für den Hafercrumble:
50 g kalte Butter
65 g Mehl
50 g Haferflocken
50 g brauner Zucker
¼ TL Zimt
1 Msp. Salz
Puderzucker zum Garnieren

Für den Hafercrumble die Butter würfeln. Mehl, Haferflocken, Zucker, Zimt und Salz in einer Schüssel mischen und alle Zutaten mit den Butterwürfeln rasch zu Streuseln kneten. Für 30 Minuten kühl stellen.

Den Backofen auf 180 °C Ober-/Unterhitze (Umluft 160 °C) vorheizen.

Ein Backblech mit Backpapier auslegen und die Streusel in 15 bis 20 Minuten hellbraun und knusprig backen. Abkühlen und bis zum Servieren beiseitestellen.

Zum Servieren die noch lauwarmen Rotweinzwetschgen über die Panna cotta geben und mit Hafercrumble und nach Belieben mit etwas Puderzucker bestreuen.

Tipp: **Ihre Anpassungsfähigkeit macht die Panna cotta zum Lieblingsdessert zu jeder Jahreszeit: im Sommer serviert mit frischen Beeren, im Herbst mit karamellisierten Äpfeln oder winterlich mit einer Zimtnote – purer Genuss! Wer möchte, bereitet sie klassisch nur mit Sahne zu.**

Über die Autorinnen

Angelika Hofmann und Agnes Manier sind die Wirtinnen im Gasthaus zum Lillachtal, das nur wenige Kilometer nördlich von Nürnberg in der Gemeinde Weißenohe am Tor zur Fränkischen Schweiz liegt. Die Urlaubsregion ist nicht nur für ihre majestätischen Felsen, malerischen Täler und Dörfer bekannt, sondern auch für traditionsreiche, bodenständige Kulinarik. Dort führt das Ehepaar den kleinen oberfränkischen Familienbetrieb in vierter Generation. Während die gebürtige Fränkin Angelika Wirtshauskultur und fränkische Küche von Kindesbeinen an gelebt hat, kam die in Hohenlohe-Franken und Berlin lebende Theaterwissenschaftlerin und Pressereferentin Agnes als Gast ins Lillachtal und lernte dort nicht nur das Haus, sondern auch die Gastwirtin kennen und lieben. Für ihren Traum vom Wirtshaus als einladendem Ort der Begegnung und des guten Lebens, an dem sich Einheimische und Gäste aller Couleur gleichermaßen wohlfühlen, kochen und arbeiten sie seither gemeinsam.

Danksagung

Unser herzlicher Dank gilt …

… unserer großen, wilden und liebevollen Familie. Ohne sie wäre alles undenkbar.

… unserem wunderbaren jungen Team, das unser Haus mit so viel Herzblut und Begeisterung immer wieder aufs Neue in einen Ort der Gastfreundschaft verwandelt.

… Urban und Katharina Winkler und ihrem Sohn Vincent von der Klosterbrauerei Weißenohe, die unsere Vision vom Wirtshaus und seiner Kulinarik teilen und uns schon viele Jahre ihre Unterstützung und ihre Freundschaft schenken.

… dem Offenen Seniorenkreis Weißenohe und Reinhard Schuhmann, die in dem kleinen Band *Über Mundart und Brauchtum in Weißenohe/Dorfhaus* viele lebhafte Schilderungen von Sprache und Brauchtum zusammengetragen haben, auf die wir für unser Buch zurückgreifen durften.

… unseren lieben Nachbarn und Gästen, die ihre Erinnerungen mit uns geteilt haben.

… Juliane Rottach und dem Team des riva Verlags für ihr Vertrauen und die inspirierende Zusammenarbeit.

… Sabrina Sue Daniels für das In-Szene-Setzen unserer Rezepte und die wunderbaren Fotos.

Bibliografische Information der Deutschen Nationalbibliothek
Die Deutsche Nationalbibliothek verzeichnet diese Publikation in der Deutschen Nationalbibliografie. Detaillierte bibliografische Daten sind im Internet über https://dnb.de abrufbar.

Für Fragen und Anregungen
info@m-vg.de

Wichtiger Hinweis
Ausschließlich zum Zweck der besseren Lesbarkeit wurde auf eine genderspezifische Schreibweise sowie eine Mehrfachbezeichnung verzichtet. Alle personenbezogenen Bezeichnungen sind somit geschlechtsneutral zu verstehen.

Originalausgabe
1. Auflage 2024

Türkenstraße 89
80799 München
Tel.: 089 651285-0

Redaktion: Kaiser-Dauer
Umschlaggestaltung: Sabrina Pronold
Illustrationen Umschlag und Layout: Shutterstock.com: goldnetz, 4zevar, Iryn
Rezeptfotografie: Sabrina Sue Daniels
Sonstige Abbildungen: André Bugl
Layout: Sabrina Pronold
Satz: Bernadett Linseisen (schere.style.papier), München
Druck: Firmengruppe APPL, aprinta Druck, Wemding
Printed in Germany

ISBN Print 978-3-7423-2670-6
ISBN E-Book (PDF) 978-3-7453-2432-7
ISBN E-Book (EPUB, Mobi) 978-3-7453-2433-4

Weitere Informationen zum Verlag finden Sie unter
www.rivaverlag.de
Beachten Sie auch unsere weiteren Verlage unter www.m-vg.de